KB088997

매일 운이 좋아지는 잠재의식의 비밀

매일 운이 좋아지는 잠재의식의 비밀

김문형 지음

두드림미디어

프롤로그

잠재의식의 힘은 무궁무진하다!

우리는 종종 몇몇 사람들만이 성공하고 운이 좋은 것처럼 보일 때 부러워한다. 하지만 이 책을 읽어 보면 그것은 성공한 사람들이 잠재의식을 다르게 조정하고 있을 뿐이라는 사실을 알게 될 것이다. 이 책은 성공과 행운을 원하는 사람들을 위한 가이드북이 될 것이라 믿는다.

1장에서는 잠재의식을 왜 바꾸어야 하는지에 대해서 이야기한다. 잠재의식을 바꾸면 성공의 길로 나아갈 수 있다. 또한, 왜 소수의 사람들만이 성공하는지, 성공에 대한 집착이 왜 중요한지 등을 살펴볼 수 있다.

　2장에서는 행운을 부르는 잠재의식의 비밀을 들려준다. 운이 좋은 사람이 되려면 몸과 마음을 깨끗이 하고, 행운이 이미 내 안에 있다고 믿어야 한다.

　3장에서는 잠재의식을 세팅하는 방법을 소개한다. 목표를 세우고 성공한 모습을 상상하며 성공한 사람들의 습관을 배우는 방법 등의 내용이 담겨 있다.

　4장에서는 매일 운이 좋아지는 마법의 공식을 배운다. 늘 환하게 웃고 행복한 상상을 하며 감사하는 마음을 가지는 것이 행운을 부르는 비결임을 알려 준다.

5장에서는 긍정 확언으로 마음의 부자가 되는 방법을 살펴본다. 자신에게 긍정적인 말을 해 주고 내면을 긍정으로 가득 채워야 한다. 이 장에서는 내면을 긍정으로 가득 채우는 방법들을 풀어 봤다.

이 책은 당신이 매일 운이 좋아지고, 궁극적으로는 성공을 이룰 수 있도록 도와줄 것이다. 이 책의 가이드를 통해 자신의 잠재의식을 다시 세팅하고, 긍정적인 생각과 확언을 실천해 보자. 그리고 행운과 성공을 만끽하자.

마지막으로 이 책이 나오기 전까지 물심양면으로 도움을 주신 〈한책협〉 김태광 대표님, 〈위닝북스〉 권동희 대표님, 〈두드

림미디어〉 한성주 대표님, 신슬기 편집자님께 감사드린다. 그리고 이렇게 올바른 인성을 갖고 좋은 책을 만들 수 있게 키워 주신 부모님께 감사를 표한다.

이 책을 읽는 모든 이에게 행운과 평안이 가득하길 바란다.

김문형

목 차

프롤로그   4

1장 : 성공하고 싶으면 잠재의식을 바꿔라

왜 소수의 사람만 성공하는가   13

당신은 성공하고 싶은가   19

실패를 두려워하지 말라   26

이미 성공했다고 상상하라   33

성공에 대한 집착이 성공을 부른다   40

잠재의식을 성공 주파수에 맞춰라   45

성공을 끌어당기는 잠재의식의 힘   51

2장 : 행운을 부르는 잠재의식의 비밀

당신은 운이 좋은 사람입니다   61

몸과 마음을 깨끗이 하라   67

이미 이루어졌다고 생각하라   73

행운을 부르는 내면의 목소리   80

행운은 이미 내 안에 있다   86

잠재의식의 정원에 행운의 씨앗을 심어라   92

시련을 행운으로 바꾸는 잠재의식의 힘   98

3장 : 성공한 사람처럼 잠재의식을 세팅하라

성공을 원한다면 잠재의식을 깨워라   109

목표를 세워라   115

당신의 성공한 모습을 상상하라   121

성공한 사람들의 습관을 배워라   128

당신의 사고방식을 바꿔라   134

생각하라, 그리고 성공한 사람처럼 행동하라   141

무한한 부를 창조하는 잠재의식의 비밀   147

4장 : 매일 운이 좋아지는 마법의 공식

매 순간 환하게 웃어라   157

매일 아침 행복한 상상으로 하루를 시작하라   163

긍정 생각이 행운을 부른다   169

평소 감사하는 마음이 행운을 부른다   176

감사하면 좋은 일이 생긴다   182

확언으로 행운을 끌어당겨라   188

행운을 끌어당기는 직관의 힘   194

5장 : 긍정 확언으로 마음의 부자가 되어라

괜찮아. 반드시 잘될 거야   205

나는 할 수 있다. 나는 성공한다   212

당신의 내면을 긍정으로 가득 채워라   218

당신의 확언이 당신의 미래를 창조한다   224

당신은 성공하기 위해 지구 별에 왔다   230

나는 매일 운이 좋아지고 있다   236

1장

성공하고 싶으면
잠재의식을
바꿔라

왜 소수의 사람만 성공하는가

'상위 1% 부자들의 재산이 나머지 99%의 재산을 합친 것보다 2배 많다'라는 뉴스 제목을 본 적 있다. 내용은 아래와 같다.

"국제 구호 개발 기구 '옥스팜'은 전 세계 상위 1% 부유층이 2020년 이후 창출된 42조 달러 상당의 새로운 부의 3분의 2를 차지했으며, 이는 나머지 99%보다 약 2배 많은 규모라고 밝혔다. 지난 10년 동안 창출된 부의 약 절반도 이들 1% 슈퍼리치의 몫이었다."

전 세계 사람들이 코로나19 팬데믹으로 생계를 위협받고 있을 때, 상위 1%의 부자들은 막대한 부를 챙겼다. 이렇게 온 세계가 혼란스러울 때 그들은 어떤 방법으로 재산을 불렸을까? 여기서 한 가지 알아야 할 것은 부자들은 절대로 다수가 가는 길을 택하지 않는다는 것이다. 우리는 부자들이 어떤 방식으로 재산을 불렸는지 생각해 봐야 한다. 그것이 성공의 비밀을 푸는 열쇠가 되어 줄 테니 말이다.

　코로나가 유행할 당시 나는 발전소 경상 정비 업체 직원으로 근무하고 있었다. 우리 사업소는 사원 수 100명이 넘는, 전체 사업소 중 직원 수가 두 번째로 많은 곳이었다. 연일 보도되는 뉴스에서는 코로나의 위험성과 확진자 및 접촉자의 동선을 공개하는 등 공포스러운 분위기를 자아내고 있었다.

　이에 우리 회사의 본사는 모든 직원에게 백신 접종을 권유했다. 본사에서 코로나 지침을 내려 보낸 후, 우리 사업소 직원들 대부분이 백신을 접종했고, 그 결과가 본사에 보고되는 상황이었다. 그런데도 나와 내 동료는 코로나 백신을 맞지 않겠다고 버티고 있었다. 나는 임상 실험도 몇 년 안 한 코로나 백신을 내 몸속에 주입하기가 싫었다.

　'이렇게 버티다가 언젠가는 소장실로 불려 가게 되리라' 그렇게 생각하면서 하루하루 보내고 있었다. 며칠 후, 나와 내 동료는 소장님의 부름을 받게 됐다. '드디어 올 게 왔구나. 어떻게 소장님을 설득하지?'라고 생각하며 우리는 소장실로 올라갔다. 소장님은 우리 둘을 보자마자 내 생각을 알아챈 듯 이렇게 질책했다.

"왜 너희 둘만 말을 안 듣는 거야? 너희 때문에 다른 사람들이 코로나에 걸리면 책임질 거야?"

소장님은 이렇게 호통치며 우리에게 반론할 기회도 주지 않았다. 나와 동료는 '백신 안 맞으면 모든 작업에서 제외하고, 사무실에서 책상도 빼 버리겠다'라는 소장님의 엄포를 무시할 수 없었다. 당장 직장을 잃을 것 같은 불안감에 우리 둘은 어쩔 수 없이 백신을 맞았다. 이처럼 인생을 살다 보면 중요한 결정을 해야 할 때가 있다. 그런 상황이 올 때 나중에 후회하지 않도록 당신이 하고 싶은 대로 결정해야 한다.

만약 나에게 그 상황이 다시 닥친다면 나는 해고를 각오하고서라도 백신을 맞지 않을 것이다. 성공하려면 '내 생각이 옳다'라며 밀고 나가는 뚝심이 필요할 테니까. 그리고 이는 자신감 상승으로 이어져 성공을 앞당길 수 있게 되리라.

당신은 '왜 소수의 사람만 성공할까?'라는 의문을 품어본 적 있는가? 한 번이라도 이런 생각을 해 봤다면, 당신은 성공의 실마리를 쥐고 있는 셈이다. 사람들 대부분은 남들이 성공하든 말든 관심이 없다. 옆집 철수가 성공하면 배 아파하다가도 시간이 지나면 잠잠해지는 것이 사람들의 심리다. 그러니 '왜 소수의 사람만 성공하는가?'라는 의구심을 품은 당신은 이미 반은 성공한

셈이다. 지금부터 그 의구심에 대한 답을 알아보자.

유대인들은 기원전 580년경부터 이스라엘을 건국한 1948년까지 무려 2500여 년 동안 전 세계를 떠돌았다. 그런 유대인의 인구는 세계 인구의 0.2%에 불과하다. 그런데도 현재 유대인은 세계 100대 기업 소유주의 40%, 세계 억만장자의 30%, 전체 노벨상 수상자의 22%를 차지하고 있다. 이론 물리학자 알베르트 아인슈타인(Albert Einstein), 페이스북의 창업주 마크 저커버그(Mark Zuckerberg), 구글의 창업주 세르게이 브린(Sergey Brin), 영화 감독 스티븐 스필버그(Steven Spielberg). 이들의 공통점은 모두 유대인이라는 것이다.

어떻게 이런 일들이 가능한 것일까? 그 비밀은 유대인의 교육 방식에 있다. 2500여 년 동안 전 세계를 떠돈 유대인들은 자신들을 지켜 줄 무언가가 필요했다. 그래서 그들은 '돈'이 자신들을 지켜 줄 것이라 굳게 믿었다. 이것이 유대인 부모가 자식들이 아주 어렸을 때부터 경제 교육을 해 온 배경이다.

유대인들의 성인식은 보통 여자아이는 12세, 남자아이는 13세에 시행되는데, 그들은 성인식을 결혼식만큼 중요하게 생각한다. 성인식 때 받은 자식의 막대한 축의금에 부모는 손대지 않는다. 축의금을 받은 당사자인 자식이 직접 관리하게 된다.

여기서 자식은 난생처음 만져보는 큰돈을 어떻게 굴려야 할지 부모에게 묻게 되고, 이때의 질문과 답이 자연스럽게 경제 교육으로 이어진다. 이렇게 어려서부터 자연스럽게 이루어진 경제 교육이 그들을 성공으로 이끌지 않았을까.

한편, 유대인은 평생 《탈무드》를 읽는다. 《탈무드》는 기원전 200년대부터 서기 500년대까지 7세기 동안의 유대인의 바빌론 유수 시절 축적된 유대 율법과 전승을 담은 권위 있는 서책이다. 유대인들은 조상들의 지혜와 슬기가 담긴 이 책을 어렸을 때부터 읽고 토론한다. 《탈무드》는 오랜 세월 한곳에 정착하지 못한 그들에게 한 줄기의 빛, 그 이상이었을 것이다. 어려서부터 배우는 조상들의 지혜는 유대인을 성공으로 이끄는 길잡이가 됐다.

전 세계 유대인들이 이스라엘 다음으로 많이 사는 국가는 미국이다. 유대인들은 그들만의 생존 방식으로 세계 최강 대국인 미국, 그 안에서도 세계 경제의 중심지인 뉴욕을 움직이고 있다.

유대인들에게 성공은 외로운 타지에서 살아남기 위한 필연적인 생존 수단이었다. 그만큼 성공은 절박해야 거머쥘 수 있는 것이다. 그렇지 않으면 나태해지고, 나태해지면 그냥 남들처럼 살아가게 될 테니까.

한 번뿐인 인생, 성공한 사람처럼 즐기면서 살고 싶은가? 당신이 성공을 원한다면, 유대인처럼 당신이 삶 속에서 절박하게 원하는 것이 무엇인지 살펴볼 필요가 있다. 그들이 생존을 위해 성공을 갈구했던 것처럼, 당신도 절박하게 원하는 것을 위해 성공하면 되는 것이다. 이것이 우리가 목표를 세워야 하는 이유다.

1980년대 초반, 스티브 잡스(Steve Jobs)는 그래픽 사용자 인터페이스와 마우스를 갖춘 혁신적인 개인용 컴퓨터, 애플 매킨토시 개발 프로젝트를 이끌고 있었다. 당시 애플 내에서는 이 프로젝트의 성공 가능성에 대한 회의론적인 견해가 많아 그는 많은 어려움을 겪었다. 특히, 이 프로젝트의 잠재적 성공 가능성에 대해 회의를 표명하는 이사회와 임원들의 저항은 큰 어려움이었다.

스티브 잡스는 이런 어려움에도 자신이 시작한 이 프로젝트의 비전을 믿는 애플 내 동료들을 끌어모았다. 다른 이들이 시장에서의 성공 가능성과 실행 가능성에 의문을 제기하는 상황 속에서, 그의 팀은 사용 친화적이고 시각적으로도 매력적인 개인용 컴퓨터 개발 프로젝트를 계속 추진했다.

결국 1984년 스티브 잡스는 세계에 매킨토시를 선보였다. 매킨토시는 독창적인 인터페이스와 디자인으로 컴퓨터 산업을 혁신한 제품이 됐다. 이처럼 주위의 우려 섞인 반대에도 흔들리지 않은 그의 뚝심이 그를 성공으로 이끌어 줬다.

앞에서 소개한 일화들의 공통점은 무엇일까? 성공한 소수의 사람은 자신들만의 고집과 반드시 성공한다는 확고한 믿음을 갖고 있었다는 점이다. 그러면 이러한 확고한 믿음은 어디서 나온 것일까? 바로 우리 내면의 소리인 잠재의식이다.

잠재의식의 힘은 무궁무진하다. 당신은 잠재의식이 어떻게 우리의 삶에 영향을 미치는지 아직 감이 잡히지 않을 것이다. 나 또한 처음에는 감이 오지 않았다. 단어도 생소하고, '잠재의식이 중요한 것은 알겠는데, 어떻게 하라는 거지?'라는 생각뿐이었다.

소수의 사람이 성공하는 이유는 그들의 잠재의식이 성공하도록 세팅되어 있기 때문이다. 지금 이 책을 읽고 있는 당신에게도 해당될 수 있는 말이다. '왜 소수의 사람만 성공하는가?'라는 의문을 품지 않았었나. 이제 그 의문에 대한 답을 생각해 볼 차례다. 그들의 생각과 방식을 벤치마킹하면 당신도 성공할 것이다.

당신은 성공하고 싶은가

몇 년 전, 투잡을 뛰던 친구 J가 나에게 물었다.

"문형아, 너는 꿈이 뭐야?"

"나는 그냥 지금 내가 하는 일처럼 매달 안정적인 월급을 받으면서 은퇴할 때까지 사는 거야."

"너는 그게 안정적이라고 생각하는구나."

"그럼, J 너는 꿈이 뭔데?"

"나는 돈 많이 벌어서 엄마 호강시켜 드리는 게 꿈이야."

옛날에 나는 제때 월급을 주고 정년이 보장된 직업이 최고라고 생각했다. 나와는 달리 J는 남들이 보기에 일 중독자처럼 보이는 친구였다. 그는 잠을 쪼개며 투잡, 쓰리잡을 했다. 대부분의 사람들이 과거의 나처럼 안정적인 삶을 꿈꾼다. 나쁜 것이 아니다. 다만, 크게 성공하지 못할 뿐이다. 성공하려면 안정적인 생각은 버리고, 가끔 시련도 겪어 보고 그것을 이겨 내야 한다.

나는 발전소 경상 정비 업체에서 7년을 일했다. 회사 특성상 발전소와 계약 연장이 되지 않으면 떠돌이 생활을 해야 했다. 나는 그렇게 3년, 3년, 1년을 한곳에 정착하지 못하고 떠돌아다녀야 했다.

회사를 그만두던 해, 나는 부모님이 살고 있는 지역, 나의 유년 시절을 보냈던 고향으로 발령 받게 됐다. 처음에는 좋았다.

타지 생활을 할 때는 '저녁을 어떻게 먹을까?'라고 생각하며 귀찮을 때는 인스턴트 음식으로 때울 때가 다반사였지만, 집에서 부모님과 같이 생활하게 되니 퇴근 후에는 아들 고생한다며 어머니가 맛있게 밥을 차려 주셨다. 나는 이 행복이 성공인 줄 알았다. 계속 이렇게 살아가고 싶었다.

하지만 6개월 후, 나는 이것이 성공이 아니라는 것을 깨닫고, 과감히 사표를 내고 회사를 그만두었다. 현재는 새로운 꿈을 향해 춘천으로 와서 3D 모델링을 배우고 있다. 춘천에 와서 '김도사'의 존재를 알고 난 후 내 인생은 크게 바뀌었다.

춘천에 처음 이사 온 날, 짐 정리를 마치고 시간이 남아 시립도서관에 가게 됐다. 도서관 주변에서는 세계 태권도 행사가 열리고 있어서 주차할 곳이 마땅치 않았다. 몇 바퀴를 돌다가 '주차 자리도 없는데 그냥 돌아갈까?' 고민하던 차였다. '마지막으로 한 바퀴만 더 돌아보자' 생각하며 주차장 끝으로 갔는데 마침 차 한 대가 나가고 있었다. 나는 얼른 그 자리에 주차했다.

그날 나는 도서관 열람실에서 특이한 경험을 했다. 평소처럼 자기 계발 코너로 가서 '무슨 책을 읽을까?' 살피던 중 '김도사'라는 작가의 《150억 부자의 부의 추월차선》이라는 책이 내 눈에 환하게 들어왔다. '책이 왜 이렇게 빛나는 거지? 한번 읽어 볼까?'

하는 생각이 들었다. 나는 망설이지 않고 그 책을 뽑아 들고는 빈 자리에 앉아 읽기 시작했다.

책에는 이런 문구가 쓰여 있었다. "성공해서 책을 쓰는 것이 아니라 책을 써야 성공한다" 처음에는 '내가 어떻게 책을 써? 절대 일어날 수 없는 일이야' 하며 마음을 쓰지 않았다. 하지만 책을 다 읽고 나서는 '아! 나도 한번 책을 써 볼까?' 하는 생각이 들었다.

그날 저녁, 나는 김도사님이 운영하는 〈한국책쓰기강사양성협회(이하 한책협)〉에 가입하고 사이트를 훑어봤다. 다들 작가라는 호칭을 쓰며 모든 글에 모든 사람이 '응원합니다, 성공합니다'라는 댓글을 달아 주고 있었다. 처음에는 이런 부분이 별로 마음에 와닿지 않아서 나는 사이트를 닫아 버렸다. 첫인상이 좋지 않았던 탓일까? 〈한책협〉은 점차 나의 관심에서 멀어져 갔다. 그러던 어느 날 〈한책협〉 소속 코치의 전화를 받게 됐다.

"김문형 씨 휴대전화 맞나요?"

"네, 맞는데요. 누구세요?"

"아, 안녕하세요. 저는 〈한책협〉 소속 코치입니다. 김문형 씨가 저희 대표님 책을 보고 가입하셨다고 해서 전화 드렸습니다."

코치님은 친절하게 전화 상담을 해 주셨고, 나는 김도사님과의 일대일 컨설팅 날짜를 2주 후로 잡았다. 컨설팅 날, 나는 김도사님께 평소 자기 계발서를 자주 읽는다고 말씀드렸다. 그러자 김도사님은 책을 읽는 인풋은 그만하고, 책을 쓰는 아웃풋을 하라고 하셨다. "호랑이는 죽어서 가죽을 남기고, 사람은 죽어서 이름을 남깁니다. 그러니 자신의 이름으로 된 책 한 권 정도는 세상에 내놓고 가는 것도 의미 있겠죠"라고 덧붙이시면서.

이 말을 듣고 있는데 무언가가 내 뒤통수를 강타하는 기분이 들었다. 그렇다! 학창 시절부터 지금까지 나는 수많은 책을 읽어 왔다. 이제는 그간 머릿속에 집어넣기만 해 온 책 내용을 밖으로 꺼낼 때가 됐다는 강한 느낌이 들었다. '나도 책을 쓸 수 있겠다'라는 확신을 가지는 순간이었다.

사람들이 성공을 원하는 이유는 경우에 따라서 여러 가지가 있다.

첫째, 개인적인 만족감과 자신감을 얻기 위해서다. 목표를 달성하고 성공을 경험함으로써 자기 능력을 인정받고 성취감을 느끼며, 이는 삶에 긍정적인 영향을 미친다.

둘째, 경제적 안정과 삶의 질을 향상하기 위해서다. 성공을 이루면 높은 소득을 얻을 수 있어 자신과 가족의 경제적 안정을 확보하는 데 도움이 된다. 게다가 여가 활동, 교육 및 여행과 같은 경험을 즐길 기회가 늘어나면서 삶의 만족도도 높아질 수 있다.

셋째, 사회적인 요소도 큰 역할을 한다. 사람들은 다른 사람들로부터의 인정과 존경을 얻기 위해 성공을 추구한다. 성공한 사람들은 사회나 지역 사회에 긍정적인 영향을 미치고 사회 발전에 기여하며, 다른 이들에게 영감을 주는 역할을 할 수 있다.

이처럼 성공을 추구하는 다양한 동기에는 개인적인 성취, 경제적 안정, 삶의 질 향상, 그리고 사회적으로 인정받고 영향을 미치고자 하는 욕구가 포함된다. 이러한 요인들이 모두 결합해서 사람들은 삶의 여러 측면에서 성공을 위해 노력하게 된다.

'성공을 원하는가?'라는 질문은 종종 당신의 인생을 안내하는 나침반 역할을 한다. 성공은 모든 사람의 내면 깊숙이 묻혀 있는 욕망이다. 우리는 모두 태어날 때부터 성공의 DNA를 지니고 태어난다. 그러나 중요한 것은 이 잠재력을 어떻게 드러내고 현실화시키는가에 있다.

또한 당신의 내면에는 아직 미개척의 성공 가능성이 가득하다. 당신이 지닌 타고난 자질, 재능, 그리고 능력이 바로 성공 DNA의 기반이 되는 것이다. 이들은 당신이 어떻게 생각하고 행동하느냐에 따라 세상 밖으로 나와 빛을 발할 수도 있고, 영원히 빛을 못 볼 수도 있다. 이 잠재력을 드러내려면 당신의 노력과 헌신이 필요하다. 그것은 당신의 장점을 인지하고, 단점을 이해하며, 지속적인 자기 계발을 위해 노력하는 것을 의미한다. 자기 계발과 삶의 경험은 우리의 내면을 다듬는 촉매제 역할을 한다. 꾸준한 자기 계발이 목표를 실현하는 데 도움이 된다.

　이처럼 나 자신을 믿고, 명확한 목표를 세우고, 성공에 대한 집요한 생각을 하는 것이 성공의 문을 여는 열쇠가 된다. 성공은 개인적인 여정이며, 그 정의는 개인마다 다르다는 것을 인식해야 한다. 성공의 척도는 당신의 행동을 당신의 꿈과 열망에 맞추는 능력에 있다.

　성공에 대한 욕망은 모든 사람의 내면 안에 깊이 뿌리박혀 있다. 그것은 잠재된 씨앗과 같고, 싹을 틔우고 성장해서 성공의 결실을 보기를 기다리고 있다. 성공이란, 특정한 목표에 도달하는 것 이상이라는 점을 이해하는 것이 필수다.

　성공의 길은 결과만큼이나 과정도 중요하다. 한 걸음 한 걸음 직면한 도전, 수많은 실패, 그리고 그것을 통해 배우는 모든 교훈은 당신의 성장에 기여하고 성공담을 완성하게 될 것이다. 성공은 고정된 목표가 아니라 역동적인 여정이며, 매 순간이 중요하다는 것을 이해해야 한다.

　따라서 성공에 대한 욕망은 우리 모두에게 내재해 있다는 것을 잊지 말아야 한다. 그것은 실현되고, 육성되고, 그리고 포용되기를 기다리고 있는 놀라운 잠재력이다. 우리가 성공으로 향하는 여정을 시작할 때, 성공은 단지 목적지에 도달하는 것만이 아니라, 도중에 변화하고 성장하는 것이라는 것을 명심하자. 당신의 성공 DNA를 받아들이자. 그 안에는 당신의 성공 청사진이 있기 때문이다.

실패를 두려워하지 말라

학창 시절 나는 친구들에게 따돌림을 많이 당했다. 말투가 어눌하다는 이유로 친구들은 나를 괴롭히고, 때리고, 돈을 빼앗았다. 지금 돌이켜 보면 그때 왜 그들에게 대들지 않고 그냥 당하고만 있었는지 후회된다. 친구들에게 따돌림당한 영향이었을까?

고3 때 스트레스를 많이 받은 나는 역류성 식도염에 걸렸다. 공부에 전혀 집중이 되지 않았다. 결국, 나는 수능을 포기했다. 그러고는 내신 점수로 수시 1차 전형을 통과해 수도권의 전문 대학에 입학했다.

나에게는 대학 생활도 녹록지 않았다. 거의 매일 선배들에게 기합을 받았고, 동기들에게 따돌림을 당했다. 나에게는 탈출구가 필요했다. 그래서 나는 1학년 1학기가 끝난 시점에 군에 자원 입대했다. 시력이 좋지는 않았지만, 안경을 벗고도 일상생활이 가능했던 만큼, 나는 안경을 벗고 훈련소에 입소했다. 그런데 훈련소 신체검사에서 시력이 안 좋다는 이유로 귀가 조처를 받고 말았다.

군대에 있어야 할 아들이 입대 이틀 만에 집으로 돌아오니 부모님은 많이 걱정하셨다. 나는 부모님께 내가 귀가 조처 받게 된 이유를 말씀드렸다. 나는 안경을 벗고 훈련소에 들어갔던 내 행동이 너무 화나고 부끄러웠다.

며칠 후 나는 다시 검사를 받으러 안과에 갔다. 몇 가지 검사를 받았는데, '현역이 아닌 보충역으로 갈 수 있으려나?' 내심 기대했지만, 희망을 내려놓아야 했다. 검사 결과지를 갖고 방문한 병무청에서 3급 판정을 받고 다시 입대해야 했기 때문이다. 대학 복학 시기도 놓치고, 소중한 1년의 세월을 허비했다는 생각에 너무 괴롭고 부모님께도 죄송했다.

다음 해 1월, 나는 친구와 동반 입대하게 됐다. 대부분의 동반 입대 병사는 같은 대대, 같은 중대에 편성되는데, 나는 군대마저도 적응하지 못하고 관심 병사가 됐다. 어디서부터 잘못된 것일까? 내 인생이 점점 낭떠러지로 떨어지고 있는 기분이었다. 다행히 중대장님의 배려로 나와 내 친구는 중대를 바꿔 취사병에 편입됐다. 같은 분대로 편입된 날, 친구가 힘들어하는 내게 말했다.

"문형아, 어차피 이 시간은 다 지나가. 지금 힘들다고 해서 포기하면 안 돼."

힘든 시기였지만 친구와 같은 분대에서 생활하다 보니 내 멘털은 점점 회복됐다. 나는 무사히 전역할 수 있었다. 군대에서 멘털이 강해진 덕에 대학에서도 전액 장학금을 받았으며, 영예롭게 졸업할 수 있었다.

졸업 후 나는 충남 금산에 있는 한국타이어 하청 회사 신입으로 취직하게 됐다. 이제 내 인생에 꽃길만 있을 줄 알았다. 하지만 그 바람은 오래가지 못했다.

처음 입사했을 때 '뭐든 시키는 대로 열심히 하자. 여기서 또 실패하면 부모님 뵐 면목이 없다'라고 생각하며 일에 열중했다. 하지만 시간이 지날수록 '이곳에서 버티는 것보다 다른 일을 찾아보는 것이 낫겠다'라는 생각이 들었다. 낯선 타지 생활, 낮은 연봉에 숙소도 지원되지 않는 열악한 환경이었다. 일도 많았다. 회사에 대한 이런저런 불만이 쌓일 때쯤, 내가 퇴사를 결심하게 된 결정적인 사건이 일어났다.

내가 다니던 사업소에는 소장 1명, 주임 1명 그리고 나, 이렇게 총 3명의 직원이 있었다. 소장과 주임은 대전에서 출퇴근했고, 나는 금산 공장에서 도보 30분 거리에 있는 원룸에서 생활했다. 차가 없던 내게 주임은 아침마다 공장까지 회사 차로 카풀을 해 주었다. 처음 두 달간 주임은 카풀을 잘 해 주었다. 그러다 주임이 소장님께 카풀이 힘들다고 하소연한 모양이었다. 그 말에 소장님은 대뜸 내게 자전거를 사주면서 그걸로 출퇴근하라고 지시했다. 처음 면접 볼 때 이야기했던 카풀을 해 줄 것이라는 약속은 지켜지지 않았다. 나는 어쩔 수 없이 자전거로 출퇴근을 시작했다.

우리 회사는 아침마다 금일 작업 허가서를 본청에 가서 끊어야 했다. 내가 자전거로 출퇴근한 지 얼마 지나지 않아 큰 작업이 잡혔다. 작업 전날 나는 중장비 차들을 모두 섭외하고 서류까지 만들어 놓았다. 그러고는 그 서류들을 주임의 출퇴근용 차량에 넣어두었다. 그런데 공사 당일 출근 시간이 넘었는데도 주임이 회사에 나오지 않는 것이었다. 초조해진 나는 주임에게 전화를 걸었다.

"주임님, 지금 어디세요?"

"아~ 김 기사, 나 어제 과음해서 늦잠을 잤어. 무슨 문제 있나?"

"네, 주임님. 오늘 공사를 위해 준비한 서류가 주임님의 출퇴근용 차 안에 있습니다."

"뭐? 그걸 왜 거기다 넣어 놔? 나 늦으니까 다시 써!"

"…알겠습니다."

나는 막막했다. 공사 시간은 거의 다 되어 가고 본청과의 미팅 시간도 거의 끝나가는 시점이었다. 본청에서는 미팅 시간에 허가가 나지 않은 작업은 웬만하면 취소시켰다. 우여곡절 끝에 서류를 다시 작성한 나는 허가서를 승인받고 공사를 진행할 수 있었다.

느지막이 회사에 출근한 주임은 다짜고짜 나에게 "왜 그 중요한 서류를 차에 두고 다니냐!"라며 언성을 높였다. 나는 늘 하던 대로 했을 뿐인데, 억울했다. 그동안 쌓여왔던 울분이 주임을 향해 터져 나왔다. 결국, 얼마 뒤 나는 회사를 그만두었다. 또 실패한 것이다.

회사를 그만두고 집에서 빈둥대던 나에게 아버지는 폴리텍에 입학해서 기술을 배워 보라고 권유했다. 그래서 폴리텍 대학 기능사 과정에 지원했다. 내가 가고 싶던 발전 설비 학과는 경쟁률이 높았다. 면접을 치르기 위해 사전 검색과 준비를 많이 했지만 탈락하고 말았다.

'나는 이제 뭘 해도 안 되는구나. 다 포기하고 싶어'라는 생각이 밀려들었지만, 막상 실천에 옮기려니 겁이 났다. 이도 저도 아닌 상태에서 무료하게 시간을 보내고 있는데, 지원했던 폴리텍 대학에서 연락이 왔다. 전화가 온 곳은 내가 지원했던 학과는 아니었지만, 비슷한 학과인 만큼 열심히만 하면 내가 원하는 곳에 취업할 수 있으리라 생각했다. 나는 지푸라기라도 잡는 심정으로 그 학과에 등록했다.

여러 과정을 거쳐 입학하고 수료 후 발전소에 취업했다. 그리고 7년을 무탈하게 다니다가 새로운 꿈이 생겨 퇴직했다. 만약 내가 거듭된 실패에 좌절했다면, 내 인생은 밑바닥까지 추락했을 것이다. 하지만 나는 계속 도전했고, 결국 성공했다. 실패를 두려워하고 숨어 버리면 패배자가 될 뿐이다. 실패를 딛고 계속 목표를 향해 나아간다면 언젠가는 반드시 성공하게 되어 있다.

나는 《해리포터》 시리즈를 좋아한다. 《해리포터》 시리즈는 전세계 65개국 언어로 번역됐고, 3억 5,000만 부 이상이 팔린 베스트셀러다.

《해리포터》의 저자 'J. K. 롤링(Joan K. Rowling)'은 1991년 포르투갈에서 영어 교사로 일하다 결혼했다. 하지만 결혼 1년 후 가정 폭력을 일삼는 남편과 이혼 소송을 시작하게 됐다. 이혼녀가 된 그녀는 어쩔 수 없이 모국인 영국으로 귀국했다. 무일푼 상태로 생후 4개월 된 딸을 데리고 말이다. 그녀는 고등학교 불어 교사가 되는 길도 있었지만, 오로지 소설 쓰기에만 전념하기로 결심했다. 소중한 딸을 의지처 삼아 그녀는 몇 달 만에 우울증을 떨쳐버렸다. 가난한 미혼모인 그녀는 3년여간 복지 수당으로 삶을 연명했고, 그 와중에도 딸이 잠든 후 근처 카페를 찾아 소설 쓰기에 몰두했다.

그렇게 1995년에 완성한 원고 《해리포터》 시리즈를 에이전트를 통해 12개의 출판사에 제출하게 됐다. 하지만 내용이 너무 길다는 이유로 어느 출판사도 출판해 주지 않았다. 그래도 롤링은 낙담하지 않고 계속 도전했다. 그리고 마침내 〈블룸즈버리〉 출판사에서 《해리포터》 시리즈 출판을 결정하게 됐다. 시리즈 중 첫 번째 책인 《해리포터와 마법사의 돌》은 영국의 많은 문학상을 휩쓸며, 신인 작가의 작품으로서는 파격적인 반향을 불러일으켰다. 실패를 두려워하지 않고 도전해 나간 끈질김과 행동력이 그녀를 억만장자로 만들어 준 원동력이 된 셈이다.

나는 지금 이 책을 읽고 있는 당신에게 실패해도 좋으니 도전하라고 조언해 주고 싶다. 그 실패 속에는 당신이 배우고 성장하는 데 실마리가 되어 줄 놀라운 기회가 숨어 있기 때문이다. 또 그 기회가 결국은 당신을 성공으로 이끌 것이기 때문이다.

시련이 많은 인생의 가시밭길을 두려워하지 말자. 성공한 사람들조차 실패와 좌절을 밥 먹듯 하면서 성공을 일구어 냈으니.

단언컨대 실패 없는 성공은 없다. 당신의 성공은 실패를 어떻게 피하느냐에 달린 것이 아니다. 어떻게 실패를 다루고, 배우고, 극복하느냐에 달렸다. 그러니 오히려 인생의 문을 활짝 열고 실패를 받아들이자. 실패를 통해 성공의 길이 다져지고 큰 목표가 이루어질 것이기 때문이다. 기억하라. 실패는 필연적인 성공의 길에 놓인 디딤돌일 뿐이다.

이미 성공했다고 상상하라

1911년 8월 22일 화요일, 프랑스 루브르 박물관에서 세계가 주목할 만한 사건이 발생했다. 세계적으로 유명한 명작 중 하나가 도난당한 것이었다. 프랑스는 박물관을 즉시 폐관하고 국경도 봉쇄했다. 하지만 범인은 잡히지 않았다.

그로부터 2년 뒤 이탈리아 피렌체의 한 화랑에 도착한 편지로 인해 범인이 잡혔다. 범인은 범행 당시 루브르 박물관에서 그림 주위에 투명 벽을 설치하던 인부였다. 그는 이탈리아의 작품이 프랑스에 있는 것이 못마땅해 범행을 저질렀다고 자백했다. 이 명작의 이름은 〈모나리자〉다. 이 사건을 계기로 〈모나리자〉는 세계에서 가장 유명한 그림이 됐다.

〈모나리자〉를 그린 화가 레오나르도 다빈치(Leonardo da Vinci)는 르네상스 시대의 다재다능한 인물이었다. 그는 미술, 과학, 공학, 해부학 등 다양한 분야에 걸쳐 흥미를 느꼈고, 그 결과 미술뿐만 아니라 과학 분야에서도 전 세계에 깊은 인상을 남겼다.

그중에서도 다빈치의 비행 스케치는 상상력의 놀라운 힘을 생생하게 보여 준다. 비행에 대한 그의 열정은 하늘을 정복하고 공중에서 이동하는 원리를 이해하려는 깊은 내면의 열망에서 비롯됐다.

모든 비행기의 조상인 세계 최초의 동력 비행기를 제작해서 성공시킨 라이트 형제들보다 훨씬 이전, 다빈치는 새들의 비행에 마음이 사로잡혔고 그것의 비밀을 풀기 위해 노력했다. 그는 다양한 조류의 종을 면밀히 관찰해서 그들의 날개 구조, 움직임 패턴 및 공기 역학을 연구했다. 새의 날갯짓을 모방한 조류 비행 장치부터 낙하선처럼 생긴 장치에 이르기까지 비행에 관련된 다양한 설계를 했다.

그가 이러한 스케치를 할 수 있었던 이유는 불가능한 것을 가능하게 하는 상상력의 힘 덕분이다. 다빈치의 비행 스케치는 단순한 낙서가 아니었다. 그것은 비행의 신비를 파헤치는 호기심 많은 생각의 산물이었다. 다빈치가 하늘을 날아다니는 상상만으로 비행 스케치를 그렸던 것처럼 상상력의 힘은 우리가 감히 짐작할 수 없을 만큼 크고 경이롭다.

올림픽에서 메달 28개를 딴 수영 황제 '마이클 펠프스(Michael Phelps)'를 아는가? 그는 올림픽에서 4관왕을 4번 달성한 선수이자 올림픽 역사상 유일무이하게 한 대회에서 8개의 금메달을 석권하고, 두 대회 연속 8개의 메달을 획득한 수영계의 전설이다.

그는 7세에 주의력 결핍/과잉행동 장애(ADHD)를 앓았다. ADHD는 한곳에 집중하지 못하고 불안해하며 감정의 기복이 심한 질환이다. 그가 어렸을 적 누나들을 따라간 수영장에서 어머니는 ADHD로 힘들어하는 펠프스에게 수영을 배우게 했다. 펠프스가 겁이 나서 물에 얼굴을 담그지 못하자 자유형이 아닌 배영을 먼저 가르쳤다.

수영에서 엄청난 잠재력을 발휘하기 시작한 펠프스는 ADHD 환자가 따라가기 어려운 수준의 훈련 프로그램도 거뜬히 소화하며 일취월장했다. 그는 유년 시절 밥 보먼(Bob Bowman)이라는 코치에게 수영 지도를 받았다. 코치는 펠프스에게 훈련이 끝나면 비디오테이프를 보라고 지시했다. 하지만 이 비디오테이프는 실제로 존재하는 것이 아닌 머릿속으로 완벽한 레이스를 그려보는 것이었다.

펠프스는 코치가 시키는 대로 매일 아침저녁으로 자신이 출발대에서 신호에 맞춰 다이빙하고 완벽하게 수영하는 모습을 슬로우 모션으로 상상했다. 팔을 휘저을 때의 손동작 하나하나부터 수영장 끝에서 손을 대고 턴을 해서 되돌아오는 모습을 말이다.

또한 자신이 수영하면서 남긴 물갈래, 자기 몸을 타고 떨어지는 물방울, 경기를 끝내고 수영 모자를 벗을 때의 기분까지도 머릿속에 그려 봤다. 이렇게 매일 반복되는 이미지 트레이닝 덕분에 나중에는 수영 경기의 초 단위까지 정확히 측정할 수 있는 단계까지 이르게 됐다.

2008년 8월 13일 베이징 올림픽 접영 200m 결승전. 마이클 펠프스는 출발대에 올라 수영 자세를 취했다. 출발 총성이 울리고 펠프스는 힘차게 물을 가르기 시작했다.

그런데 물에 몸이 닿는 순간 펠프스는 무언가 잘못됐다는 것을 직감했다. 물안경에 물이 스며드는 것이었다. 그는 물이 더는 스며들지 않기를 바라며 수영에 집중했다. 하지만 두 번째 회전했을 때 눈앞이 흐릿해지면서 앞이 보이지 않았다. 분명 위기였지만, 그는 평소 비디오테이프로 이미지 트레이닝을 해 온 터였다. 그는 그 이미지를 머릿속에 그렸다. 그러고는 스스로 스트로크 수를 세어 가며 결승선을 터치했다.

결과는 세계 신기록이었다. 경기가 끝난 후 소감을 묻는 한 인터뷰에서 펠프스는 웃으며 말했다.

"정말 시각 장애인이 된 듯한 기분이었어요."

이어 그의 트레이너에게 질문이 쏟아졌다.

"밥 보먼!! 대체 펠프스에게 어떤 훈련을 시킨 건가요?"

"거창하지 않습니다. 우리는 작은 승리에 집중하려고 했습니다. 하나라도 작은 승리를 이루어 내면 또 다른 작은 승리를 이루는 관계가 성립된다는 걸 알고 있었습니다.

펠프스에게 효과가 있는 방법을 찾아낼 때까지 우리 팀은 이런저런 것들을 다양하게 실험하고 시도했습니다. 그러던 가운데 작은 성공을 가져다줄 습관(=비디오테이프)을 정말로 찾게 됐고, 기계적으로 반복해 자동이 되게 만들었습니다.

수영장에 도착하면 펠프스는 자신의 계획에 따라 이미 절반 이상을 수영한 상태입니다. 머릿속에서 모든 게 자동으로, 계획대로 진행됩니다. 가벼운 준비 운동도 상상했던 대로 똑같이 합니다."

이러한 꾸준한 훈련과 이미지 트레이닝이 펠프스를 세계 최고의 수영 선수로 만들어 주었다.

어느 주말 오후, 나는 유튜브에서 신기한 영상을 봤다. 영상에서는 피실험자의 양손을 책상 위에 올려놓게 한 후, 왼쪽 어깨 앞으로 가짜 손을 놓았다. 가짜 손은 인간의 손과 비슷했으며 생동감을 주기 위해 가짜 손의 끝부분부터 피실험자의 어깨 부분까지 담요로 덮어 두었다.

그러고는 칸막이를 피실험자의 진짜 왼손과 가짜 손 사이에 두어 피실험자의 진짜 왼쪽 손이 피실험자에게 보이지 않도록 했다. 이후 실험자가 피실험자의 왼손과 가짜 손에 동시에 붓으로 간지러움을 태운다. 도구를 바꿔가며 왼손과 가짜 손에 동일한 자극을 주다가 어느 순간 가짜 손에만 자극을 줘도 피실험자는 자극을 느끼게 됐다. 마지막에는 실험자가 망치로 가짜 손을 내리쳤더니 피실험자가 화들짝 놀라며 왼손을 빼는 행동을 보였다.

이 현상은 다른 사물을 마치 자기 신체인 양 착각하게 만드는 '고무손 착각'이라고 한다. 고무손 착각 현상은 우리의 뇌가 우리의 몸에 대한 감각을 만드는 것이 얼마나 유연하고 창의적인지 보여 준다.

뇌는 실제와 상상을 구분하지 못한다. 뇌 과학자들이 밝힌 이론에 따르면, 우리가 무언가를 상상할 때와 그 일을 실제로 할 때, 뇌의 유사한 부분이 활성화된다고 한다. 뇌가 현실과 생생하게 상상한 것을 구분할 수 없음을 의미한다. 따라서 우리는 우리의 뇌가 성공했다고 착각할 수 있게 만들어야 한다.

'이미 성공했다고 상상하라' 이것은 허황한 개념이 아니라 이미 철학자, 사상가들이 오랜 세월 공감해 온 성공의 기본 원리다. 상상력은 당신의 미래를 그리는 도화지이며, 우리가 선택한 색깔은 당신이 품고 있는 생각, 신념, 감정이다. 성공이 실현되기 전에 성공을 시각화하는 것은 단순한 환상이 아니다. 성공을 상상할 때, 우리는 단순히 공상에 그치는 것이 아니다. 우리가 원하는 목표의 상세한 지도를 그리는 것이다.

성공은 삶의 여정이고, 상상력은 우리가 가고자 하는 길을 안내해 주는 나침반이다. 상상하는 것은 왜 중요할까? 우리가 상상하는 것은 우주와 상호작용을 하기 때문이다. 우리의 생각은 우주로 진동을 방출한다. 이러한 진동은 연못의 물결처럼 우주 내에서 비슷한 에너지와 공명을 일으킨다. 본질적으로 생각과 감정은 우리 삶으로 모든 것을 끌어들이는 자석이 된다.

게다가, 성공을 상상하는 것은 우리에게 불변의 자신감을 부여한다. 상상력은 어려움을 극복하고 실패를 견디는 데 필요한 자신감과 결의를 키운다. 성공을 상상할 때 우리는 긍정적인 감정, 탄력 및 동기부여의 원천을 만들어 낸다. 이 원천은 고난과 역경을 헤쳐 나가는 데 필요한 웅장한 에너지의 근원이다.

"다빈치처럼 상상하고 당신의 꿈을 펼쳐라. 펠프스처럼 상상하고 역경을 이겨 내라."

성공에 대한 집착이 성공을 부른다

당신은 《삼국지》를 알고 있는가? 《삼국지》는 중국의 후한 말기와 삼국시대를 배경으로 한 역사서다. 나는 어렸을 때 《삼국지》 소설책을 읽는 것과 《삼국지》를 배경으로 한 시뮬레이션 게임을 좋아했다.

그중 '코에이'라는 회사에서 제작한 삼국지 시뮬레이션 게임은 옛날 게임치고는 꽤 자유도가 높은 편이었다. 내가 게임 속의 인물이 되어 국가도 경영하고 전투도 하고 결혼도 할 수 있었다.

여느 때처럼 삼국지 게임 속에서 나는 다른 나라의 성을 공격했다. 전투에서 시간을 끌면 성 안에서 농성하는 병력이 유리하다. 그것을 아는 나는 '빨리 성을 함락시켜야겠다'라는 생각뿐이었다.

나는 적을 무찌르며 무작정 전진해 나갔다. 그러다 적의 성 안에서 퇴로가 막혀 버렸다. 그때 나의 병력은 5만이었고, 상대의 병력은 2만이었다. 당연히 내가 이길 줄 알았던 전투는 나의 패배로 끝났다. '내가 병력도 훨씬 많았는데 왜 졌지?' 나는 생각에 생각을 거듭했다. 그렇게 전투를 복기해 보니, 퇴로가 차단되어 사기가 바닥에 떨어진 내 병력과 비교해 상대 병력의 사기가 현저히 높았던 탓이었다.

나는 다시 게임을 불러와 퇴로를 신경 쓰며 해당 전투를 치러 나갔다. 내 병력의 사기를 최대치에 근접하게 맞춘 후 다시 공격에 들어갔다. 그러자 손쉽게 승리를 거머쥘 수 있었다. 이 현상은 《삼국지》 책에서도 똑같이 다루고 있는 내용이다. 사기가 떨어진 병력은 그 반대 병력에 너무나도 허망하게 패배하게 된다는 점 말이다.

사기는 동기부여와 연관이 있다고 생각한다. 사기가 높으면 동기부여도 잘되고, 동기부여가 잘되면 자연스럽게 사기가 높아질 테니까.

"나의 죽음을 적에게 알리지 말라."

이순신 장군이 전투 중에 죽음을 앞두고 한 말이다. 이순신 장군은 자신의 죽음이 적에게 알려지면 적의 사기가 올라가 아군이 전쟁에서 패할 수도 있으리라 생각했다. 그래서 이런 말을 한 것이다. 반대로, 아군은 죽음을 앞두고도 자신들을 걱정하는 장군에게 감명을 받았을 것이다. 이는 곧 전쟁 승리에 대한 확실한 동기부여가 됐을 것이다.

나에게는 고등학교 때부터 친해진 단짝 J라는 친구가 있다. 서로 다른 대학을 졸업하고 각자 직장을 구했는데 나의 직장에 비해 J의 직장은 형편없어 보였다. 그래서 나는 J를 볼 때마다 잔소리를 했다.

"J야, 언제까지 그 돈 받고 거기서 일할 거야? 시골에서 그 돈 받고 일할 바에는 상경해서 더 좋은 직장을 구해 봐."

J는 내 잔소리를 들을 때마다 멋쩍은 웃음만 지어 보였다. 얼마나 듣기 싫었을까? 지금 돌이켜 생각해 보면 친구가 걱정되어서 무심코 뱉은 말이 당사자에게는 상처로 남았으리라.

몇 년 전, J의 아버지가 지병으로 돌아가셨다. J는 울먹이며 나에게 부고를 알렸다. 나는 당시 인천에서 근무를 하고 있었는데, J의 소식에 연가를 쓰고 J가 있는 동해로 한걸음에 달려왔다.

아버지 발인까지 함께했던 나는 힘들어하는 J에게 위로의 말과 함께 회사 이야기를 다시 한번 꺼냈다. 내 말이 동기부여가 된 것일까? 장례식을 마치고 갑자기 6개월을 잠적했던 그는, 보란 듯이 대기업에 입사해 나에게 다시 나타났다.

J는 퇴근하고 집에 와서 2~3시간 쪽잠을 자면서 밤새 자격증 공부를 해서 합격하고, 대기업 이직 준비를 했다고 한다. 나는 그런 J를 보며 정말 정신력이 대단하다고 생각했다. 그에게 비결을 물어보지는 않았지만, 나는 성공에 대한 집착이 성공을 불렀으리라 확신한다.

"인생에서 가치 있는 것은 모두 오르막이다. 인생에서 가치 있는 것, 당신이 소망하고 이루고 싶은 것, 당신이 누리고자 하는 것은 모두 오르막이다. 문제는 사람들 대부분이 꾸는 꿈은 오르막인데, 습관은 내리막이라는 사실이다."

경제 전문가 '존 고든(Jon Gordon)'이 한 말이다. 사람들은 대부분 본능이 게으르기 때문에 내리막을 걷게 되어 있다. 그러니 우리는 꿈을 찾아 본능을 통제하고, 오르막을 오를 용기를 가져야 한다.

《집착의 법칙》의 저자 그랜트 카돈(Grant Cardone)은 마약 중독에서 벗어나 억만장자가 된 인물이다. 책의 내용을 살펴보면, 어릴 적 아버지를 여읜 그는 고등학교 졸업 무렵 술과 마약에 찌들어 인생이 바닥을 쳤다. 그의 가족들은 그런 그를 재활 치료 시설에 보냈다. 시간이 흘러 퇴원하게 된 그는 '드디어 내가 마약 중독의 수렁에서 벗어나게 되나?'라는 희망을 품었다. 하지만 그를 담당했던 상담사는 이렇게 말했다.

"성공은 꿈도 꾸지 마세요. 당신은 문제가 많습니다."
"당신의 중독은 절대 치료할 수 없는 병이죠."
"당신에게는 인생에 대한 권한도, 통제권도 없습니다."
"마약에 다시 손대지 않을 가능성은 제로입니다."
"다른 데 초점을 맞춰도 실패할 거예요."
"돈이나 명성, 성공 같은 거창한 생각은 전부 버리세요."

그는 상담사의 이 말들로부터 동기부여를 받았다고 한다. 상담사의 말이 틀렸음을 증명하고 싶었다. 그래서 노력한 결과 다니던 회사의 판매왕이 됐다. 물론 마약은 입에도 대지 않았다. 주변 사람들은 어떻게 그런 실적을 올렸는지 궁금해 했다. 그들은 마약을 끊은 것이 비결이라고 생각했다. 이에 그는 성공에 대한 집착을 거부하지 않고, 온전히 인생이 어떻게 펼쳐질 수 있는지 맛보기 시작한 것이 비결이라고 말했다. 그렇게 성공이 새로운 마약이 됐다고 한다.

만약 상담사가 그에게 상냥한 격려의 말을 해 줬더라면 어떻게 됐을까? 십중팔구 다시 마약에 손대고 재활 치료 시설을 드나드는 인생을 살았을 것이다. 동기부여에도 강약의 조절이 필요하다는 것을 알게 해 주는 대목이다. 동기부여가 마약 중독자도 치료하는 힘이 있다는 것을 증명한 극명한 사례라 하겠다. 그랜트 카돈의 사례처럼 강한 동기부여를 받으면 인생도 바뀔 수 있다.

성공에 대한 집착이 성공을 부른다. 집착이란 무엇일까? 사전적 정의는 '어떤 대상에 마음이 쏠려 매달리는 것'이라고 한다. 어느 한 대상에 집착을 하면, 그 대상이 계속 머릿속에 맴돈다.

앞서 이야기한 J와 그랜트 카돈처럼 성공에 집착해 봐라. 성공하고 싶은 욕망이 생기고 계속 성공을 생각하게 된다. 곧 성공하기 위한 방법들이 머릿속에 떠오르게 될 것이다. 하지만 성공에 집착하는 것은 말로만 떠드는 것이 아니다. 당신이 내뱉는 말과 당신의 감정, 느낌이 일치해야 한다. 그래야 비로소 성공이 당신 가까이 올 것이다. 성공에 집착하고 간절히 원하면 머지않아 당신은 성공하게 되리라 믿어 의심치 않는다.

이처럼 성공에 집착하면 우리의 간절한 마음이 우주에 전달되어 응답받을 것이다. 결과가 안 좋다고 포기하면 안 된다. 계속해서 우주를 향해 성공에 대한 기도를 하자.

잠재의식을 성공 주파수에 맞춰라

"유레카!"

우리말로 '알았다'는 뜻의 그리스어다. 또한 아르키메데스(Archimedes)가 목욕하다가 말고 갑자기 외친 비명이다. 그는 목욕하다 말고 왜 갑자기 유레카라고 소리쳤던 것일까?

아르키메데스는 시칠리아라는 섬에서 태어난 고대 그리스 수학자이자 물리학자다. 당시 이집트나 바빌로니아 등에서는 금이 많이 생성됐지만, 시칠리아에서는 금이 나오지 않았다.

어느 날, 시칠리아의 시라쿠사를 통치하고 있던 히에론 2세는

금 세공사에게 순금을 주며 신에게 바칠 금관을 만들게 했다. 완성된 금관을 받은 히에른 2세는 금관에 은이 섞인 것이 아닌가 하는 의심을 하기 시작했다. 그러나 그는 그것을 확인할 방법이 생각나지 않았다. 그래서 금관을 아르키메데스에게 주며 은이 섞여 있는지 감정을 의뢰했다.

그러나 당시 천재로 불려 왔던 아르키메데스조차 완성된 금관에서 은을 발견하기란 쉽지 않았다. 몇 날 며칠을 고민해도 방도가 떠오르지 않았다. 왕과 약속한 시간이 다가오자, 아르키메데스는 초조해지기 시작했다. 생각을 비우고자 무심코 욕조에 들어간 그는, 자신의 몸무게에 의해 물이 넘치는 것을 봤다. 순간 밀도에 따라 비중이 다르다는 사실을 깨닫고 맨몸으로 "유레카"를 외치며 온 동네를 뛰어다녔다고 한다.

아르키메데스는 이 사실을 즉시 왕에게 알렸고, 금과 은의 밀도가 다름을 확인시켜 주었다. 그 과정에서 금 세공사가 만든 금관에서 은이 함유된 것이 발견됐다. 왕은 금 세공사에게 벌을 주고 이같이 놀라운 발견을 한 아르키메데스에게 큰 포상을 했으리라.

나는 〈내셔널 지오그래픽〉 다큐멘터리를 즐겨 본다. 다큐멘터리를 보고 있자면 자연의 위대함에 감탄을 금치 못한다. 최근에 본 〈북극곰의 왕국〉 편에서는 북극곰이 바다에서 수영도 하고 빙하를 걸어 다니는 장면이 나왔다. 문득, '빙하는 어떻게 바다 위에 떠 있을까?' 하는 궁금증이 생겼고 관련 자료를 찾아보기 시작했다.

물에 뜨거나 가라앉는 것은 물과 빙하의 밀도가 다르기 때문이다. 물의 밀도가 1이라고 치면 얼음의 밀도는 0.9이다. 즉, 얼음이 물보다 밀도가 작기 때문에 바다 위에 둥둥 떠 있는 것이다.

'빙산의 일각'이라는 말을 들어본 적 있는가? 빙산 일각의 사전적 의미는 '어떤 일의 대부분이 숨겨져 있고 겉으로 드러나는 것은 극히 일부분에 지나지 않음을 이르는 말'이다.

우리가 영화나 유튜브 등 영상에서 보는 빙산은 크기가 어마어마하다. 그런 빙산의 가라앉아 있는 부분, 수면 위에서는 보이지 않는 부분은 보이는 것의 10배만큼 크다. 이것을 빙산의 일각이라고 한다.

스위스의 유명한 심리학자 '칼 구스타프 융(Carl Gustav Jung)'은 이렇게 말했다.

"의식 전체를 큰 빙산으로 비유하면 대부분 바다 밑에 가라앉아 있는 잠재의식이다. 인간이 스스로 의식하는 표면 의식은 바다 위에 얼굴을 내민 극히 일부분이다."

그는 우리가 인지할 수 있는 의식을 수면 위의 빙산으로 비유하면, 잠재의식은 수면 아래 잠겨 있는 빙산이라고 한다. 수면 위에 떠 있는 빙산은 수면 아랫부분이 없다면 존재할 수가 없다. 즉, 잠재의식이 받침이 되어 의식이 존재하는 것이다. 수면 아래 빙산이 보이지 않는 것처럼 우리는 잠재의식을 느끼지 못한다. 그렇다면 이처럼 보이지도 않고, 느낄 수 없는 잠재의식을 어떻게 세팅해야 할까?

인간의 의식은 현재의식과 잠재의식으로 이루어져 있다. 심리학자 지그문트 프로이트(Sigmund Freud)는 잠재의식을 의식과 무의식 사이에 존재하는 것으로 정의했다. 앞서 빙하에 비유한 것처럼 잠재의식은 우리 의식의 대부분을 차지하고 있다. 잠재의식을 바꾸는 방법을 알게 된다면 삶의 질이 향상됨은 물론일 것이다.

한 가지 재미있는 실험이 있다. 19세기 초 '토머스 영(Thomas Young)'이 실험한 '이중 슬릿 실험'이다. 실험 방법은 단색광을 이중 슬릿 S1과 S2에 통과시키는 실험을 통해 스크린에 나타나는 현상을 관찰하는 것이다. 이때 빛이 입자라면 스크린에 일정한 무늬가 나타나야 한다. 그러나 실험에서는 스크린에 간섭 무늬가 나타났다. 이것은 빛이 파동성을 가진다는 것을 의미한다. 두 번째 실험에서는 빛이 어떻게 슬릿을 통과하는지 관찰하기 위해 관측 장치를 달았다. 결과는 놀라웠다. 스크린에 두 줄의 일정한 무늬가 나타난 것이다!

예를 들어 벽이 있다고 가정해 보자. 벽 앞에 작은 공이 통과할 수 있는 세로로 긴 구멍 2개가 나란히 있다. 페인트를 칠한 공을 연속으로 벽을 향해 던진다. 그러면 구멍을 통과한 공은 벽에 세로로 된 하나의 자국을 남겨야 하는데, 공이 파동처럼 분리되어서 벽에 여러 개의 세로로 된 자국이 생긴 것이다. 그리고 그 벽 앞에 사람을 세워 놨더니 벽에 세로로 된 2개의 긴 자국만 남게 됐다.

결론적으로 빛은 입자와 파동의 성질을 동시에 지니는데, 어떤 조건에서는 입자가 되고, 또 다른 조건에서는 파동이 될 수도 있다. 즉, 이 세상은 내가 어떻게 생각하느냐에 따라 달라질 수 있다.

다음은 밥 프록터(Bob Proctor) 《위대한 확언》의 일부 내용이다.

"인구의 90%는 긍정적이기를 원하지만 부정적이다. 부정적인 생각은 부정적인 진동을 일으키고, 결국 법칙에 따라 부정적인 상황을 끌어당기게 된다. 당신이 긍정적으로 생각하고 삶이 줄 수 있는 최고를 기대하면 끊임없이 좋은 것들을 끌어당기게 될 것이다. 당신에게는 그럴 자격이 있다."

이 세상에 존재하는 모든 물질은 각자의 주파수를 갖고 있다고 생각한다. 그 속에는 긍정 주파수도 있고, 부정 주파수도 있다. 하지만 우주는 그것이 긍정인지, 부정인지에는 관심이 없다. 오로지 당신이 생각하는 것에 반응할 뿐이다.

주파수는 같은 주파수를 끌어당기는 힘이 있다. 그래서 부정적인 생각은 위험하다는 것이다. 밥 프록터의 말처럼 부정적인 생각은 부정적인 진동을 일으킨다. 자꾸 안 좋은 일이 연속해서 일어나는 것도 이 법칙 때문이라고 생각한다.

차를 운전하면서 라디오 주파수를 맞춰 보면, 주파수가 잘 안 맞으면 지지직거리고 주파수가 잘 맞으면 맑은 소리가 나온다는 사실은 누구나 다 알고 있다. 우리 인생도 마찬가지다. 긍정적인 주파수는 맑은 소리가 나오고, 부정적인 주파수는 지지직거리는 듣기 싫은 소리가 나온다.

따라서 당신의 잠재의식을 성공의 주파수에 맞추는 것이 필요하다. 이를 위해서는 긍정적인 생각과 태도를 유지하는 것이 중요하다. 그렇게 함으로써 당신은 자신의 삶을 최적화하고, 성공적인 결과를 이끌어 낼 수 있을 것이다.

이제부터 당신의 잠재의식을 성공 주파수에 맞추는 연습을 해 보자. 성공 주파수에 맞추는 몇 가지 방법을 알려 주겠다.

첫째, 목표를 세우자. 목표가 구체적이고, 상세할수록, 잠재의식은 당신의 목표에 맞게 작용하기가 쉬워진다.

둘째, 성공을 시각화하자. 당신이 성공한 모습을 생생한 상상으로 그려보는 것이다. 목표를 이미 달성한 것처럼 시각화하는 것은 잠재의식이 원하는 대로 작동할 수 있도록 리뉴얼하는 데 도움을 준다.

셋째, 부정적인 영향을 제거하자. 성공으로 나아가는 길을 막고 있는 부정적인 신념, 습관 및 영향을 확인하고 과감히 버려야 한다.

잠재의식을 성공 주파수에 맞추는 것은 시간과 노력이 필요하다. 지금부터 잠재의식을 성공 주파수에 맞추는 연습을 해 보자.

성공을 끌어당기는 잠재의식의 힘

"절대 포기하지 마세요. 감사합니다."

2018년 제54회 백상예술대상 때 영화 〈박열〉에서 일본인 후미코 역을 맡은 배우 최희서의 신인상 소감이다. 그녀의 소감을 좀 더 살펴보자.

"사실 〈박열〉이라는 작품이 저에게는 정말 축복 같은 작품이었습니다. 저는 사실 2009년에 〈킹콩을 들다〉라는 작품으로 데뷔했었는데요. 9년 동안 보이지 않지만, 열심히 연기를 해 왔습니다. 한번은 연극 준비를 하기 위해서 리허설 장소에 가는 동안 지하철에서 대본을 읽다 보니 소리가 커졌습니다.

맞은편에 앉아 계셨던 〈동주〉의 각본가이자 제작자셨던 신연식 감독님께서 저를 보시고 특이하게 생각하셨다고 합니다. 그렇게 명함을 주신 게 인연이 되어 영화 〈동주〉에 출연하게 됐고요. 그게 인연이 되어서 〈박열〉이라는 작품을 할 수 있었습니다.

저는 가끔 그날 대본을 안 보고 그냥 지하철을 탔다면, 〈동주〉는 물론이고, 〈박열〉에도 캐스팅되지 않았을 것이라는 생각이 들어 정말 아찔합니다. 그래서 저는 이 신인상을 지금 보이지 않는 곳에서 꿈을 향해 열심히 노력하시는 분들을 위해 드리고 싶습니다."

나는 최희서 배우의 소감을 듣고 '끌어당김의 법칙에 의해 우주의 응답을 받았구나'라고 생각했다. 아마 그녀가 당시에 지하철에서 대본을 보지 않았더라도, 빠른 시일 내에 다른 기회로 크게 성공했을 것이다. 최희서 배우의 말처럼, 절대 포기해서는 안 된다. 도중에 포기해 버리면 그동안 우주로 보내 왔던 나의 성공에 대한 간절함이 소멸되어 버리기 때문이다.

회사에 다닐 때의 일이다. 그날은 내 생일이었다. 나는 평소와 같이 내게 주어진 업무를 하며 일을 하고 있었다. 그러던 중 사내 메신저로 회사 여직원의 메시지가 왔다.

"대리님, 오늘 생일이었네요? 생일 축하드립니다."

나는 그 메시지를 보고 놀랐다. 아침부터 '그녀가 생일 축하해 줬으면 좋겠다'라고 마음속으로 계속 생각하고 있었기 때문이다. 나의 간절한 생각에 우주에서 응답해 온 것이다! 그녀와 나는 업무 특성상 자주 메시지를 주고받았지만, 사적으로 대화해 본 적은 없었다. 나는 그녀의 성격이 괜찮아 보여 퇴근 후 '밥 먹자고 해 볼까?' 하며 타이밍을 잡고 있었던 중이었다.

"아 네. 감사합니다. 그런데 제 생일인 것 어떻게 아셨어요?"

"제가 인사 담당이잖아요. 다 알죠."

"아 맞네요. 아무튼 생일 축하해 주셔서 감사합니다."

나는 그녀에게 "퇴근 후 시간 되세요?"라는 말을 할 수가 없었다. '거절당하면 어떡하지?', '소문나면 어떡하지?' 하는 생각이

들었기 때문이다. 그 당시 나는 '에잇! 오늘만 날인가? 또 기회가 올 거야'라고 생각했지만, 그 이후로는 타이밍이 보이지 않았고, 나는 회사를 퇴사했다.

우리는 살면서 수많은 기회를 얻는다. 하지만 대부분이 그것을 기회인지 인식하지도 못한 채 날려 버린다. 기회가 오면 반드시 잡아야 한다. 실패해도 좋다. 후회하는 것보다는 실패가 낫다. 실패를 통해 성공으로 갈 수 있는 경험을 쌓을 수 있을 테니까.

유명 배우 짐 캐리(Jim Carrey) 주연의 〈브루스 올마이티〉라는 영화를 아는가? 이 영화에서 짐 캐리는 늘 부정적이고 신세 한탄만 하는 방송국 기자인 브루스 역을 맡았다. 이야기는 브루스가 자신의 삶에 대해 좌절하고, 뜻대로 되지 못한 것에 대해 하느님을 향해 분노하는 것을 중심으로 전개된다. 브루스의 분노에 하느님은 브루스가 더 나은 일을 할 수 있는지 보기 위해 일시적으로 그에게 신성한 능력을 부여한다.

처음에 브루스는 기적을 행하고, 자신의 욕망을 성취하고, 개인적인 만족을 추구하기 위해 자신의 힘을 사용하면서 새롭게 발견된 만능의 힘을 즐긴다. 그러나 그는 곧 신성한 힘과 함께 오는 도전과 책임을 깨닫게 된다. 수백만 명이나 되는 여러 사람들의 필요와 기도의 균형을 맞추는 것은 어려운 일이었다.

그는 진정한 행복은 이기적인 추구가 아니라 다른 사람들을 돕고, 사랑과 연민을 품는 것에서 발견된다는 것을 알게 된다. 평범한 사람이 갑자기 신과 같은 힘을 얻게 된다면 어떤 일이 일어날지 생각해 보게 된다. 나도 전지전능한 힘이 생기면 어떨지 생각해 본 적 있다. 잠재의식과 의식의 세계에 대해 공부를 해 보니, 우리에게는 이미 그런 능력이 있다는 것을 깨달았다. 끌어당김은 누구나 사용할 수 있는 힘이다.

짐 캐리는 비범한 능력뿐만 아니라 끌어당김의 법칙을 잘 활용하는 인물이다. 무명 배우였던 그는 너무 가난해서 끼니를 때우기 위해 버려진 음식도 주워 먹던 시절이 있었다. 어느 날 그는 문구점에서 가짜 백지수표를 샀다. 그리고 그 백지수표에 1,000만 달러라고 적고, 1995년 추수감사절에 진짜 돈으로 바꾸겠다는 결심을 하게 된다. 짐 캐리는 이 가짜 백지수표를 항상 지갑에 넣고 힘들 때마다 들춰 봤다.

결국 그는 성공했고, 가짜 백지수표를 진짜 돈으로 바꿀 만큼의 재력을 갖추게 됐다. 짐 캐리의 사례는 우리에게 잠재의식의 힘이 얼마나 강력한지를 보여 준다. 우리의 생각과 행동은 삶에 큰 영향을 끼친다. 짐 캐리는 자신의 미래를 상상하고 그것을 믿음으로써, 그의 삶에 성공을 끌어당겼다. 우리도 그처럼 자신의 잠재의식을 이용해서 성공을 끌어당길 수 있다는 것을 기억해야 한다. 이것은 우리 모두가 갖고 있는 놀라운 힘이다.

내가 끌어당김의 법칙을 알게 된 것은 고등학교 때다. 평소 자기 계발 책을 읽는 것을 좋아하던 나는 그 당시 유행했던 《시크릿》을 우연히 보게 됐다. 책에서는 간절히 원하면 모든 것을 이룰 수 있다고 적혀 있었다. 그 당시에는 '이게 말이 되나?'라고 대수롭지 않게 생각했다.

하지만 현재, 《시크릿》에 나오는 끌어당김의 법칙은 실제로 존재하고, 이미 경험했다고 장담한다. 끌어당김의 법칙은 쉽게 말해 유사한 것끼리 서로를 끌어당긴다는 개념이다. 지금 이 순간에도 우주에서는 수많은 끌어당김의 현상들이 일어나고 있다. 다만 우리가 느끼지 못할 뿐이다. 당신이 지금 생각하는 것 또한 우주가 하나도 빠짐없이 받아들이고, 끌어당김 현상이 일어나고 있다.

끌어당김의 법칙을 이해한 나는 항상 긍정적으로 생각하려 노력한다. 끌어당김의 법칙은 당신의 생각과 신념의 중요성을 강조한다. 당신의 지배적인 생각과 신념이 현실을 형성한다. 그러므로 성공한 자기 모습을 상상하는 것을 멈추지 말아야 한다. 그것이 성공과 풍요함을 이끄는 기회를 끌어올 테니 말이다.

"인간은 하루를 보내는 동안 평균 4만 가지 생각을 한다. 90퍼센트는 전날과 똑같은 생각이며 부정적인 생각이다."

《상대적이며 절대적인 지식의 백과사전》의 저자 베르나르 베르베르(Bernard Werber)가 한 말이다. 생각을 시각화하는 것이 중요하다. 즉, 생각을 행동으로 옮기라는 말이다. 만날 생각만 해 봤자 변하는 것은 아무것도 없다. 쓸데없는 생각 열 번보다 한 번의 행동이 더 가치 있다.

감정은 끌어당김의 법칙에서 중요한 역할을 한다. 단순히 긍정적으로 생각하는 것뿐만 아니라 당신의 욕구가 이미 충족됐다고 느끼는 것이 중요하다. 그러한 감정은 당신이 당신의 욕구에 투입한 에너지를 증폭시켜 준다.

성공을 구체적으로 상상하고 머릿속에 그려라. 그러면, 당신은 성공을 끌어당길 수 있을 것이다.

2장

행운을 부르는 잠재의식의 비밀

당신은 운이 좋은 사람입니다

"당신은 운이 좋은 사람입니까?"

이와 같은 물음에 대부분의 사람들은 "아니다"라고 대답할 것이다. 인간 본성의 측면에서 본다면 부정적인 답변이 당연하다. 인간은 바로 생존 본능에 의해 이렇게 답하는 것이다. 원시시대의 인간은 다른 동물들에 비해 너무나 나약한 존재였다. 새처럼 하늘을 날 수도 없고, 물고기처럼 물속을 자유자재로 헤엄칠 수도 없었다. 다른 맹수들처럼 달리기가 빠르거나, 적을 단번에 제압할 수 있는 날카로운 이빨이나 힘을 가진 것도 아니었다.

이런 나약한 육체를 가진 인간들은 맹수가 다가오면 부정적일 수밖에 없었다. 적에 대해 긍정적으로 반응하면 공격당하고 잡아먹히게 될 테니 말이다. 이것을 '부정편향성'이라고 정의한다. 원시시대부터 시작된 인간의 생존 본능이 오늘날까지 이어지게 된 것이다.

부정편향성은 우리의 삶에 다양한 측면에서 나타날 수 있다.

1. **기억** : 우리는 부정적인 경험을 긍정적인 것보다 더 명확하고 오랫동안 기억하게 된다. 이에 따라 부정적인 기억과 감정이 더 오래 지속될 수 있다.

2. **의사 결정** : 선택해야 할 때, 사람들은 종종 긍정적인 결과를 찾는 것보다 부정적인 결과를 피하는 것을 우선시한다. 이에 따라 어떤 상황에서 우리는 위험을 피하려는 경향이 있다.

3. **감정** : 두려움, 분노, 슬픔과 같은 부정적인 감정은 행복이나 만족감과 같은 긍정적인 감정보다 강하고 즉각적인 영향을 미치기도 한다.

4. **사회적 교류** : 비판과 부정적인 피드백이 칭찬과 긍정적인 피드백보다 더 큰 효과를 가질 수 있다. 이런 부정적인 피드백은 우리의 자존심과 관계에 영향을 미칠 수 있다.

5. **뉴스** : 뉴스 매체는 종종 부정적인 이야기와 사건에 집중한다. 이는 사람들의 주의를 끌기 때문에 더 부정적인 세상의 인식을 촉진할 수 있다.

부정편향성을 인식하는 것은 우리의 생각, 감정 및 행동에 다양한 영향을 주게 된다. 부정편향을 인식하면 더욱 균형 있고 합리적인 결정을 내릴 수 있다. 본능과 반대로 긍정적으로 생각하는 것은 부정편향성의 영향을 감소시키고, 더 긍정적인 시각을 촉진하는 데 도움을 준다.

내가 어렸을 때, 우리 가족은 1년에 두 번, 명절 때마다 큰집으로 내려갔다. 당시 우리 가족은 차가 없어서 두 번 환승으로 편도 10시간이 넘는 거리를 다녀온 기억이 있다. 현재 친할머니는 돌아가셨지만, 살아 계실 때 종종 나에게 이런 말씀을 해 주셨다.

"문형아, 너희 엄마가 너희 형을 낳을 때 힘이 들어 기절했다. 그래서 나는 너희 엄마가 둘째 낳는 것을 반대했다. 그런데 문형이 네가 세상에 나오고 잘 크는 것을 보니 내 생각이 틀렸구나. 잘 자라서 엄마한테 효도해라."

할머니의 말대로, 나의 어머니는 형을 낳을 때 기력이 없어 기절했다고 한다. 그때 아버지와 할머니는 이러다가 어머니가 잘못되지 않을까 하는 생각에 무척 걱정하셨다고 한다. 다행히 의식이 돌아온 어머니는 빠르게 회복됐다. 그리고 어머니는 내가 태어나기 전에 나와 형 사이에 아이 한 명이 더 있었다는 사실을 들려준 적이 있다. 내가 세 번째였던 것이다. 어머니는 할머니의 반대에도 불구하고 나를 낳으셨다. 세상의 빛을 보게 해 주신 어머니께 너무나 감사하다. 이런 이야기를 들으면서 나는 속으로 '나는 운이 좋은 사람이다'라고 느끼게 됐다.

세상에는 운이 좋은 사람이 많이 있다. 그중에 한 명을 꼽자면, 투자의 귀재 워런 버핏(Warren Buffett)이 생각난다. 그의 일대기를 잠시 알아보자. 워런 버핏은 1930년 8월 30일 미국 네브래스카주 오마하에서 태어났다.

그는 어린 시절부터 사업과 투자에 대한 특별한 능력을 가지고 있었다. 그는 어린 나이에 신문을 배달하고 이웃의 세금을 내는 등의 경제적인 일을 일찍이 시작했다. 또한 그는 11세 때 처음 주식을 구입하면서 주식 시장에 대한 흥미를 느꼈다.

버핏은 콜롬비아 비즈니스 스쿨에서, 명성 높은 가치 투자자인 벤저민 그레이엄(Benjamin Graham)의 지도를 받게 됐다. 그레이엄의 지도 아래, 그는 투자에 대한 규율적인 접근 방식을 채택했으며, 주식의 본질적 가치를 강조하는 방향으로 나아갔다.

1956년, 워런 버핏은 7명의 투자자와 파트너십을 구성하고 자신의 투자 회사인 버핏 파트너십을 시작했다. 그는 1965년 버크셔 해서웨이를 인수했으며, 이 회사는 그의 투자 제국의 기초가 됐다. 수년에 걸쳐 버핏은 버크셔 해서웨이를 보험, 유틸리티, 소매 및 운송업체와 같이 다양한 지주회사로 변형시켰다.

워런 버핏의 삶 중 가장 중요한 사건 중 하나는 친구이자 사업

파트너인 찰리 멍거(Charlie Munger)와의 파트너십이었다. 함께 투자 환경을 탐험하며, 멍거의 통찰력은 버크셔 해서웨이의 성공에 기여했다.

버핏의 경영 아래, 버크셔 해서웨이의 주가는 수십 년 동안 급증했으며, 21세기 초반까지 전 세계에서 가장 가치 있는 공개 회사 중 하나가 됐다. 그의 개인 재산도 상당히 증가해서 그를 세계에서 가장 부유한 사람 중 하나로 만들었다. 그는 거액의 재산을 가지고 있음에도 불구하고 예전의 생활을 유지하며, 1958년에 구입한 집에서 계속 살고 있는 것으로 유명하다.

앞서 말했던 것처럼, 워런 버핏은 틀림없이 운이 좋은 사람이다. 그는 어린 나이에 작은 사업을 하면서 기업가 정신을 배울 수 있었다. 버핏의 성공은 자신만의 원칙과 규율을 지키는 것에서 시작됐다. 또한 그는 사업에 대해서도 깊이 이해했다. 종합해 보면 그의 변함없는 노력과 헌신이 운을 부른 것이다. 나는 버핏의 일화처럼 운은 자신이 만들어 가는 것이라고 생각한다.

'당신은 운이 좋은 사람입니다'라는 문장을 보고만 있어도 기분이 좋아지는 느낌이 들지 않는가? 자신이 운을 직접 만드는 것은 종종 적극적으로 목표를 추구하고 노력하며 기회를 찾는 것을 의미한다. 이는 목표를 추구하고 계산된 위험을 감수하는 것이 긍정적인 결과의 가능성을 높일 수 있다는 점을 말해 준다.

운을 받아들일 준비를 하는 것도 운을 만드는 방법으로 볼 수 있다. 기회가 찾아올 때 준비된 사람들이 그 기회를 잡을 가능성이 높다. 긍정적이고 낙관적인 마음가짐도 운을 만드는 방법이다. 이는 기회를 보는 데 도움이 되며, 어려움에 접근하는 방식에도 긍정적인 영향을 줄 수 있다.

운을 만들어 갈 때 실패와 어려움을 겪는 일이 포함될 수 있다. 실패를 극복하고 그 경험에서 배우며 인내력을 가지고 계속 진행하는 능력은 결국 긍정적인 결과로 이어질 수 있다.

운을 만드는 것은 모든 것이 개인의 통제하에 있는 것은 아니지만, 불확실성에 직면하더라도 기회를 찾으려는 적극적인 선택과 마음가짐이 중요하다.

이처럼 '당신은 운이 좋은 사람입니다'라고 생각하는 것은 여러 가지 긍정적인 영향을 미칠 수 있다.

1. 긍정적인 인생 태도를 유발할 수 있다. 자신이 운이 좋다고 믿는다면 상황에 낙관적으로 접근하고 희망을 품게 되어 강력한 동기부여 요인이 될 수 있다.
2. 어려움에 직면할 때 인내력을 높일 수 있다. 실패를 일시적인 것으로 생각하고 행운이 다시 찾아올 것이라고 믿을 수 있다.
3. 단호한 의사결정으로 이어질 수 있다. 직관과 직접적인 결정

을 믿게 되어 확신을 가지고 결정을 내릴 가능성이 커진다.

4. 스트레스를 줄일 수 있다. 부정적인 결과를 걱정하기보다 긍정적인 가능성에 집중할 가능성이 커진다.

5. 여러 가지 기회에 대해 더 개방적일 수 있다. 새로운 경험에 민첩하게 대처하고, 미지의 영역을 탐험하려는 의지를 가질 수 있다.

종합적으로, 운이 좋은 사람이라고 생각하는 것은 당신의 안녕과 행복에 기여할 수 있다. 이는 더 윤택하고 만족스러운 삶을 끌어낼 수 있으리라 생각한다. 그러나 이 다짐을 실현시키려면 현실적인 시각과 균형을 유지하는 것이 중요하다. 긍정적인 태도와 행운에 대한 믿음은 유익할 수 있지만, 삶은 행운, 노력 및 환경의 결합임을 인정하는 것이 중요하다.

몸과 마음을 깨끗이 하라

만약 당신이 구석진 골목에서 번호판도 없이 창문이 깨져 있는 비싼 외제차를 발견했다고 가정해 보자. 처음 발견했을 때는 '와, 저 차 비싼 차인데 창문이 깨져 있네? 안타깝다'라고 생각할 것이다. 그런데 그 차가 일주일 넘게 방치되어 있다면? 당신은 그 차를 버려진 차로 인식할 것이다. 어떤 사람들은 차의 배터리, 타이어 등 부품들을 가져갈 것이다. 이 실험은 실제로 일어난 사례다.

구석진 골목에 2대의 차량 모두 보닛을 열어둔 채 주차해 두고, 차 한 대만 앞 유리창이 깨져 있도록 놔두고 일주일을 관찰한 결과, 보닛만 열어둔 멀쩡한 차량은 일주일 전과 동일한 모습이었지만, 앞 유리창이 깨져 있던 차량은 거의 폐차 직전으로 심하게 훼손된 결과를 보여 주었다.

이것을 '깨진 유리창 이론'이라고 한다. 깨진 유리창 이론은 미국의 범죄학자인 제임스 윌슨(James Q. Wilson)과 조지 켈링(George L. Kelling)이 1982년 3월에 공동 발표한 '깨진 유리창'이라는 글에 처음으로 소개된 사회 무질서에 관한 이론이다.

1995년에 뉴욕 시장으로 취임한 루디 줄리아니(Rudy Giuliani)는 깨진 유리창 이론을 떠올리고 뉴욕 지하철 정화 작업에 힘썼다. 당시 범죄가 끊이지 않던 뉴욕의 지하철은 여행객들에게는 절대 타지 말라는 말이 있을 정도로 치안 상태가 좋지 않았다.

그는 지하철 내부 벽의 낙서를 깨끗하게 청소하고, 범죄를 집중적으로 단속하기 시작했다. 시행 초기에는 낙서를 지워도 계속 생겨났다. 하지만 줄리아니는 포기하지 않고 계속해서 낙서를 지워 나갔고, 결국에는 범죄율이 줄어드는 결과를 낳았다.

이처럼 지저분한 거리는 범죄 또는 불법적인 것에 취약하다. 당신은 미국 필라델피아 켄싱턴의 마약 거리를 TV나 인터넷 매체로 접해 본 적 있는가? 나는 인터넷에 올라와 있는 영상으로 그 거리를 본 적 있다.

해당 영상에서는 수많은 사람이 마약에 중독되어 거리를 활보하거나, 마네킹처럼 부동 자세로 몇 시간이고 서 있었다. 거리는 온통 토사물과 쓰레기로 범벅이 되어 있었다. 나는 그 영상을 보면서 '와, 좀비들 같다. 경찰은 왜 저 지경이 되도록 손을 놨을까?' 하는 생각에 안타까웠다.

이와 반대로 깨끗한 거리는 치안이 좋다. 몇 년 전 친구와 일본 오사카로 여행을 갔던 적이 있다. 여행 중에 우리는 저녁을 먹으러 오사카의 한 거리를 걸었다. 내가 걸었던 거리에는 버려진 쓰레기가 하나도 없었고 깨끗했다.

또한 거리의 사람들은 너무 친절했다. 친구와 적당히 맛있어 보이는 가게에 들어가서 저녁과 반주를 하면서 오랜 시간 수다를 떨었다. 늦은 저녁 시간이 되어서야 우리는 숙소에 가기 위해 가게를 나왔고, 늦은 밤에 거리를 돌아다녀도 무섭지 않았다.

나는 우리 몸에도 깨진 유리창 이론이 적용될 수 있다고 생각한다. 우리 몸은 한번 더러워지면 뇌에서 더러움이 자연스러운 것으로 인식되고, 익숙해져 부정적인 것들을 스스럼없이 받아들이게 된다. 이것이 우리가 몸과 마음을 깨끗이 해야 하는 이유다.

《청소력》의 저자 마스다 미츠히로(舛田 光洋)는 책에서 이렇게 말했다.

"당신이 사는 방이, 당신 자신이다. 당신의 마음 상태, 그리고 인생까지도 당신의 방이 나타내고 있다."

자신의 방이 더러우면 그 더러움에 익숙해져 마음 상태도 부정적으로 변한다. 저자는 21일 동안 깨끗한 상태를 유지해 보라고 조언한다. 또한 마이너스를 제거하는 청소력으로 환기, 버리기, 오염 제거, 정리 정돈을 제안한다.

우선 방을 환기하고, 쌓아 두었던 물건을 버린다. 그런 다음 구석구석 오염된 곳을 닦아낸다. 그리고 마지막으로 정리 정돈을 하면 된다. 오늘부터 실천해 보자. 속이 후련해지고 내면의 부정적인 요소들이 청소될 것이다.

"문형아, 빨리 와. 늦었어!"

"알았어. 금방 나갈게. 조금만 기다려 줘."

초등학교 6학년 때 일이다. 나는 친구 B와 별일 없으면 일주일에 한 번씩 주말에 꼭 찜질방에 갔다. 우리는 찜질방에 딸린 목욕탕에서 수영도 하고, 서로 등도 밀어 주면서 행복한 시간을 보냈다. 목욕을 마친 우리는 찜질복으로 갈아입고 이 방, 저 방 옮겨 다니며 땀을 빼고 구운 계란과 수정과를 먹으며 수다를 떨었다. 주위 어르신들은 찜질방을 좋아하는 우리들을 신기하게 보시고는 껄껄 웃으셨다.

내가 찜질방을 좋아하게 된 이유는 따뜻한 증기가 내 몸을 감싸 안고 있을 때, 기분이 너무 좋았기 때문이다. 땀으로 온몸을 적신 후, 목욕으로 마무리하고 찜질방 밖으로 나오면 온몸이 개운했다. 요즘도 시간이 날 때면 가끔 찜질방에 가서 친구 B와 찜질방에 다녔던 기억을 회상하며 스트레스를 해소하고 온다.

이처럼 몸과 마음을 깨끗이 하는 것은 행운을 부르는 데 필수적이다. 다음은 몸과 마음을 깨끗이 해야 하는 이유다.

첫 번째, 몸을 깨끗이 하고 청결한 상태로 유지하는 것은 피부와 몸속의 먼지, 세균 및 독소를 제거해서 행운을 몸속으로 끌어당기게 된다.

두 번째, 마음을 깨끗이 하는 것은 정신적 건강에 중요한 요소다. 몸이 물리적으로 먼지, 세균 및 독소를 누적하는 것처럼 마음도 스트레스, 부정적인 생각 및 감정의 짐을 누적할 수 있다.

마음을 깨끗이 청소함으로써 불안, 우울증을 감소시키고 정신적 건강을 향상시킬 수 있다.

세 번째, 마음이 생각과 걱정으로 어지러울 때 무언가를 집중하기는 어렵다. 그때 명상이나 몰입으로 내면을 정리하면 명확성을 얻고 집중하는 능력을 발휘할 수 있다.

네 번째, 규칙적인 운동을 통해 몸을 단련하는 것은 스트레스를 줄이는 데 도움이 된다. 단련된 몸은 신체적 긴장을 덜어 주어 스트레스와 불안을 관리하는 데 도움이 된다.

다섯 번째, 마음을 정화하는 것은 자기 가치, 우선순위 및 개인적 목표를 이해하는 데 도움이 된다. 이는 개인적 성장과 더욱 더 풍요한 삶을 가져다줄 수 있다.

여섯 번째, 깨끗한 마음은 새로운 아이디어와 창의적 사고에 더 개방적이다. 마음이 어지러울 때는 지금 겪고 있는 문제에 대한 해결책을 찾기 어렵기 때문이다.

일곱 번째, 내면에서 정돈된 마음은 사람들과 더 나은 의사소통과 공감을 가능하게 한다. 또한 주변 사람들에게 긍정적인 영향을 줄 수 있다.

여덟 번째, 정기적으로 마음을 청소하고 스트레스를 관리하면 현대 사회에서 흔한 과로를 방지하는 데 도움이 된다. 휴식을 취하고 에너지를 회복하는 것은 각박한 세상을 살아가는 데 도움이 된다.

요약하면, 몸과 마음을 깨끗이 하는 것은 신체 및 정신적 건강을 유지하고 스트레스를 줄이며 삶의 전반적인 질을 개선하는 데 필수적이다. 이것은 단순히 나로 끝나는 것이 아니라 주변 사람들에게도 선한 영향력을 줄 수 있는 방법이다.

몸과 마음을 깨끗이 하는 습관을 들이자. 그러면 우리의 잠재의식은 깨끗한 신체와 마음에 맞게 긍정적으로 바뀌게 된다. 이는 곧 행운을 불러오는 초석이 되고, 더 나아가 성공을 끌어당기게 될 것이다. 당신은 성공하고 싶은가? 그러면 당장 앞서 소개한 방법으로 몸과 마음을 깨끗이 하는 데 집중하자. 머지않아 당신은 성공하게 될 것이다.

기억하라. 깨진 유리창 이론처럼 병든 몸과 마음은 부정적인 영향을 줄 뿐이다. 우리는 하루라도 빨리 병든 몸과 마음을 깨끗이 해서 긍정적으로 탈바꿈시켜야 한다. 그런 다음 긍정에너지를 두 팔 벌려 느껴 보자.

이미 이루어졌다고 생각하라

"꿈은 이루어진다."

당신은 이 문장을 알고 있는가? 바로 2002년 4강 신화를 이

끌었던 대한민국 남자 축구 국가대표팀을 응원하는 슬로건이다. 2002 한일 월드컵의 열기는 상당히 뜨거웠다. 월드컵 당시 나는 초등학교 5학년이었다. 우리나라에서 열린 월드컵이라 경기하는 시간이 대부분 저녁이었다. 우리나라 경기가 열리는 날에는 길거리에서 전광판을 보며 다 같이 열띤 응원을 했던 기억이 난다.

우리나라가 조별 리그에서 2승 1무로 본선에 진출해서 이탈리아와의 16강 경기가 열리는 날이었다. 나는 친구들과 거리에 마련된 응원석에서 응원했다. 우리나라가 1대 0으로 끌려가던 상황에서 후반 막판에 드디어 설기현의 동점 골이 터졌다. 그 순간 거리 응원을 하던 사람들은 환호하고 서로를 끌어안으며 좋아했다. 나도 갑자기 엔도르핀이 솟구치며 기쁨의 소리를 질렀다.

그렇게 정규 시간 90분이 다 지났다. 짧은 휴식 후 다시 시작된 연장전에서 연장 후반에 안정환의 골든골로 기적 같이 8강에 진출했다. 경기가 끝나자 거리는 흥분의 도가니였다. 당시를 회상하면 정말 말도 안 되는 일이 벌어진 것이었다. 꿈같은 8강 진출에 이어 8강에서도 우승 후보 스페인을 꺾었다.

준결승에서 아쉽게도 독일에 패하긴 했지만, 당시 우리나라는 아시아 국가 최초로 4강 진출이라는 엄청난 기록을 세우고, 모든 국민들이 축제 분위기로 월드컵을 즐겼다. 나는 우리의 염원이 통한 것이라고 생각했다. 간절히 원하면 모든 것을 이룰 수 있다.

《네빌 고다드 5일간의 강의》에서 저자 네빌 고다드(Neville Goddard)는 이렇게 말했다.

"상상이 현실로 나타나는 마지막 결과는 3차원 마음의 능력을 넘어서 있습니다. 그 누구도 알지 못하는 방법으로 그것들은 모습을 드러낼 것입니다."

네빌 고다드는 1905년에 태어나 1975년에 세상을 떠난 형이상학자다. 그는 지금보다 한 세기 이전에 활동하던 철학자다. 한 세기 전의 인물을 소개하는 이유는 시대가 변해도 인간의 본질, 상상력의 힘은 변하지 않는다는 것을 알려 주기 위해서다. 이처럼 상상력은 예나 지금이나 우리 주변에서 변하지 않는 상태로 쓰이길 기다리는 중이다.

상상력의 힘의 크기는 그 누구도 알지 못한다. 다만 많은 성공자들은 상상력을 사용해서 이미 많은 성공을 해 왔다. 당신과 나도 그들처럼 충분히 성공을 상상하고, 그것을 현실로 만들 수 있다. 우리는 이미 상상력의 위력을 알고 있다. 싱상의 세계에서는 불가능한 것이 없기 때문이다.

당신은 머릿속에서 상상으로 모든 것을 할 수 있다. 말 나온 김에 지금 당장 책을 잠시 덮어 두고 명상을 해 보자. 명상은 상상하기에 너무 좋은 방법이다. 명상을 통해 당신 내면에서 당신이 해 보고 싶은 것들을 마음껏 상상해 보라. 편안한 자세로 눈을 감고 머릿속을 좋은 생각으로 가득 채우자. 명상하면서 심호흡도 같이 해 주면 효과는 배가 될 것이다.

다음은 《자연 치유》의 저자 앤드류 와일(Andrew Weil) 박사가 권장하는 4-7-8 호흡법이다.

1. 숨을 크게, 천천히 내쉬며 폐에 있는 공기를 모두 내보낸다.
2. 혀를 윗니 뒤쪽에 붙인 채 코로 4초 동안 숨을 들이쉰다.
3. 숨을 들이쉰 상태로 7초 동안 숨을 참는다.
4. 그다음 입으로 숨을 8초 동안 내쉰다.

이 과정을 3번 반복한다.

4-7-8 호흡법은 부교감 신경계를 활성화해서 불안을 줄여 준다. 이 같은 이유로 불면증 환자에게도 효과적인 호흡법이다.

명상으로 마음이 맑아진다면, 이제 상상력의 힘에 대해 알아보자. 상상력은 현실을 창조하는 능력으로, 우리의 경험과 환경을 만들어 내는 강력한 도구다. 우리가 지속적으로 생각하고 상상하는 것은 삶에 큰 영향을 미칠 수 있다.

긍정적인 사고는 상상력을 활용하는 핵심 부분이다. 긍정적이고 낙관적인 사고를 유지하는 것이 중요하며, 이는 긍정적인 결과와 기회를 삶에 끌어들일 수 있다. 또한 상상력은 시각화와 깊게 연관되어 있다. 이것은 마음의 이미지를 만들거나 원하는 결과를 상상하는 것을 포함한다. 목표와 꿈을 생생하게 상상하면, 성취에 대한 동기와 믿음이 높아질 수 있다.

상상력은 목표 설정과 밀접하게 연결되어 있다. 이것은 목표를 명확히 설정하고 성공을 시각화하면, 목표를 달성할 수 있는 확률이 높아지는 이유다. 긍정적인 생각과 감정을 유지하면, 긍정적인 경험과 사람들을 삶에 끌어들일 수 있다. 하지만, 긍정적인 생각만으로는 부족하다. 원하는 결과와 관련된 감정을 느끼는 것이 핵심이다. 비전에 감정적으로 연결될수록, 상상력은 더욱 강력해지는 것이다.

상상력은 잠재적인 의식에 크게 힘을 발휘한다. 잠재의식은 우리가 지속적으로 하는 생각과 정신적 이미지에 큰 영향을 받기 때문이다. 상상력은 강력하지만, 모든 것을 해결하는 독립적인 방법은 아니다. 우리의 욕망을 드러내기 위해 영감을 받아 행동하는 것이 중요하다. 상상력은 우리에게 동기를 부여하고 길을 인도할 수는 있지만, 목표를 향해 지속적으로 노력해야 한다.

명상, 몰입, 창의적인 시각화 연습은 상상력을 더욱 효과적으로 활용하는 데 도움이 된다. 상상력의 잠재력을 믿고, 욕망이 이루어질 수 있다는 믿음을 가지는 것이 상상력을 효과적으로 사용하는 데 필수적이다. 상상력의 힘은 우리의 생각, 신념, 정신적 이미지가 현실에 직접적인 영향을 미친다는 믿음이다.

긍정적인 사고를 유지하고, 시각화하고, 목표를 향해 행동해 보자. 이렇게 하면, 상상력의 힘을 활용해 삶을 긍정적이고 성취감 있는 방식으로 바꿀 수 있다. 오래전부터 많은 철학자들과 영적 지도자들은 개인의 성장과 변화를 위한 도구로서 상상력을 연구해 왔다.

나는 춘천에 온 뒤에 집 근처 산책로 걷기와 등산을 시작했다. 춘천에 처음 와서 놀란 것이 산책로가 굉장히 잘되어 있다는 점이었다. 생각이 너무 많아지거나 스트레스를 받을 때면 산책로를 뛰거나 걸었다.

주말에는 별다른 스케줄이 없으면 춘천 근처의 산을 등산한다. 혼자 산책이나 등산을 하면서 생각을 정리하기도 하고, 버킷리스트들을 이루는 상상도 한다. 산책과 등산을 하면 책 쓰기의 영감도 떠오르고, 맑은 공기도 마실 수 있어서 건강해지는 기분이 든다. 집으로 와 땀으로 젖은 몸을 따뜻한 물로 씻어 내면, 정신이 맑아지고 개운해지면서 최상의 정신 상태를 만들 수 있다.

우리가 이미 이루어졌다고 상상하는 것은, 잠재의식을 긍정적으로 변화시키는 뛰어난 방법이다. 잠재의식은 현재도 내면에서 끊임없이 활동하고 있다. 이것은 잠재의식 속에 목표를 달성한 자신의 모습을 미리 그려 보는 것이다.

우리의 뇌는 익숙한 것을 선호하고, 새로운 것에 대해서는 부정적으로 반응하는 경향이 있다. 우리의 뇌가 성공한 모습에 익숙해지도록 계속해서 상상을 통해 자극을 줘야 한다. 이것이 바로 우리가 계속해서 목표를 이룬 자신의 모습을 상상해야 하는 이유다.

우리가 이미 이루어졌다고 상상하면 그것은 반드시 미래 모습으로 나타나게 될 것이다. 원하는 미래를 상상하고 그것이 이미 달성된 것처럼 생각함으로써, 우리는 운명을 향한 긍정적인 에너지를 발산하게 된다.

이것은 마치 자기 자신에게 행운을 끌어당기는 자석과도 같다. 이것이 바로 상상력의 힘으로 삶을 바꾸고, 우리가 원하는 방향으로 운명을 이끌어 가는 방법이다.

"인생에서 당신이 원하는 것을 얻고자 한다면, 당신은 그것이 이미 당신의 것이라고 믿어야 한다."

– 네빌 고다드

행운을 부르는 내면의 목소리

"2023년 발롱도르 수상자는 리오넬 메시(Lionel Messi)입니다!"

발롱도르는 한 해 동안 최고의 활약을 펼친 축구선수 한 명을 뽑는 가장 영예롭고 권위 있는 개인상이다. 모두가 숨죽이고 집중한 가운데, 리오넬 메시의 이름이 호명되자 장내에는 환호와 박수갈채 소리가 들려왔다. 남들은 한 번도 수상하기 어려운 상을 역사상 최초로 여덟 번이나 수상했으니 그럴 만도 하다.

사람들은 모두 자리에서 일어나 박수로 환호했다. 그곳에 있던 모든 이들의 격려를 받으며 단상으로 올라선 메시는 자신을 축하해 주는 분위기에 정말 멋진 수상 소감으로 화답했다. 다음은 수상 소감의 일부다.

"우선, 제가 이 상을 받을 수 있게 투표해 주신 분들에게 감사합니다. 늘 말했듯이 이 상은 여기에 있는 저의 국가대표 동료들과 아르헨티나 팀 전체를 위한 선물이라고 생각합니다. 함께 성과를 이룬 코치진과 모든 아르헨티나 사람을 위한 것입니다.

저는 이 시상식에 오랫동안 참석하는 행운을 누렸습니다. 선수들은 계속 바뀌었지만, 경쟁의 수준은 절대 떨어지지 않았습니다. 제가 유일하게 놓쳤던 꿈인 세계 챔피언이 됐습니다. 저는 너무 많은 사랑을 받았습니다. 다양한 국적의 사람들이 아르헨티나를 응원하고, 세계 챔피언이 되기를 바라는 것은 매우 특별했습니다.

아르헨티나와 마이애미, 그리고 나를 도와준 아내와 아이들에게 감사합니다. 그들은 내가 최악의 순간에 있었을 때도 늘 함께 있어 주었습니다. 축구에서 내가 이룬 모든 목표와 꿈은 감사하게도 그들이 동행해 주었기 때문에 달성할 수 있었습니다. 그들이 없었으면 이런 오랜 여정이 불가능했겠지요. 끝으로 마라도나(Maradona)에게 이 상을 바칩니다. 오늘은 그의 생일입니다. 생일 축하합니다. 이 트로피는 당신의 것입니다. 감사합니다."

축구를 좋아하는 사람이라면 리오넬 메시를 알고 있을 것이다. 메시는 왜소한 체격에도 불구하고 세계 최정상의 선수가 됐다. 수많은 개인상과 우승을 거머쥐었던 그는 2022년 카타르 월드컵이 열리기 전까지 한 가지 이루지 못한 꿈이 있었다. 바로 조국 아르헨티나와 함께 월드컵 우승을 해 보지 못한 것이었다. 그러던 그가 드디어 5번의 월드컵 출전(월드컵은 4년에 한 번 열린다) 만에 우승컵을 들어 올렸다.

메시는 축구의 신이 틀림없다. 2022년 월드컵에서 7골 3도움을 기록해서 최우수 선수상인 골든볼까지 거머쥐었다. 그는 단일 월드컵 조별 리그부터 결승전까지 모두 득점한 최초의 선수가 됐다. 또한 월드컵 통산 26경기에 출전해 최다 출전 기록도 경신했다.

발롱도르 수상 소감에서 밝혔듯이 그는 마지막 염원인 월드컵 우승을 하기 위해 피나는 노력을 해 왔다. 그는 같은 나라 출신인 원조 축구의 신 마라도나를 항상 동경해 왔다. 또한 이미 월드컵 우승 트로피를 들어 올렸다고 매일 상상했다. 마라도나가 하늘에서 메시와 아르헨티나 국민들의 월드컵 우승이라는 염원에 응답한 것일까? 메시는 자기 내면을 행운으로 가득 채울 준비를 게을리하지 않았던 탓에, 드디어 꿈을 이루었다.

한편, 카타르 월드컵이 열린 2022년 아르헨티나의 경제 상황은 심각했다. 그해 5월에 아르헨티나 물가가 전년 대비 약 60% 폭등한 것이다. 이처럼 어지러운 경제 상황에서 메시가 아르헨티나 국민들에게 월드컵 우승이라는 소식을 전했다. 그들은 메시를 보며 한 줄기 희망을 얻었을 것이다.

축구의 신이 메시라면, 농구의 신은 마이클 조던(Michael Jordan)이다. 마이클 조던은 역사상 가장 위대한 농구 선수 중 하나로 널리 알려져 있다. 그의 성공은 놀라운 재능뿐만 아니라 그의 마인드셋과 노력 덕분이기도 하다. 조던은 자기 능력에 대한 확고한 믿음과 최고가 되고자 하는 열망을 가지고 있었다. 경기 전에 자기 확신을 높이기 위해 내면의 자신과 대화를 하거나 확언했다.

노력과 연습이 성공의 핵심 요소라고 자주 언급했을 만큼 농구장과 체육관에서 매일 끊임없이 훈련했다. 그는 정신적으로 강하며, 좋지 않은 상황에서도 집중력을 유지할 수 있는 능력을 갖췄다. 긍정적인 마인드와 압박 속에서 침착함을 유지하는 능력이 중요하다고 생각했다.

조던은 게임에서 승리하는 슈팅을 하거나 최고의 무대에서 뛰어난 경기를 펼치는 자신을 상상하는 시각화 훈련도 했다. 그는 이러한 정신적 훈련이 실제 게임에서 더 나은 성적을 달성하는데 도움이 된다고 믿었다.

그런 그에게도 고난이 있었다. 고교 농구팀에 선발되지 못하거나 초기 플레이오프 탈락과 같은 실패를 경험했다. 그러나 이러한 실패를 통해 자신을 더 열심히 개선하려는 동기부여로 활용했다.

그는 친정팀인 시카고 불스를 NBA 챔피언십으로 이끌기 위해 은퇴를 번복하고 돌아왔다. 농구장 안팎에서 뛰어난 리더였던 그는 노력과 헌신으로 팀 동료들을 격려했다. 팀은 조던의 노력 덕분에 좋은 성적을 거둘 수 있었다.

마이클 조던의 이야기는 능력, 노력, 긍정적인 마인드셋의 조합이 탁월한 성공으로 나타날 수 있다는 좋은 사례다. 그는 NBA 챔피언십 6회 우승, MVP 5회 수상 등의 업적을 이루었으며, 역사상 위대한 운동선수 중 하나로 인정받고 있다.

여러분도 메시와 조던처럼 끝까지 포기하지 않고 나아간다면, 행운을 부르는 내면의 목소리를 들을 수 있을 것이다. 그렇다면 과연 그들이 들었던 내면의 목소리는 무엇일까? 그것은 바로 꿈을 이루고자 하는 우리 잠재의식 속의 욕망이다. 간절히 원하면 욕망이 생기고, 욕망을 통해 우리는 행운을 끌어당길 수 있다.

20세의 나는 뭐든지 경험해 보고 싶어 하는 호기심 많은 청년이었다. 여러 직군을 경험하다 보면 나에게 맞는 직업을 찾을 수 있으리라 생각했다. 나는 시간이 허락하는 대로 택배 상하차부터 건설 일용직, 노래방 웨이터, 홀 서빙, PC방 아르바이트 등 종류를 가리지 않고 일했다. 하지만 그렇게 많은 알바를 해 봤는데도 내가 무엇을 하고 싶은지 명확하게 알 수 없었다. 나는 포기하듯 '남들처럼 평범하게 사는 게 답일까?'라고 생각하며 살았다.

하지만 이제는 꿈이 생겼다. 남들처럼 그저 그렇게 사는 것이 아닌, 개성 있는 작가로 살고 싶어진 것이다. 말하는 것이 어눌한 나는 어려서부터 친구들에게 따돌림을 많이 당했다. 내 기억에 유치원 때나 초등학교 저학년 때는 굉장히 활달한 성격에 골목대장 노릇도 했던 것 같다. 어머니가 보여 주신 유치원 학예회 비디오테이프에서도 나는 중앙에서 아이들을 이끌고 있었다.

그런데 학년이 올라갈수록 친구들이 내 말투를 놀리기 시작했고, 성격은 점점 소심하게 바뀌어 갔다. 그러다 성인이 되어 사람들이 내 말투에 별로 관심이 없다는 것을 알아차리게 됐다. 그렇다. 말투에 대한 내 콤플렉스는 내가 괜히 남을 의식하고 걱정함으로써 생긴 것이었다. 지금은 이 콤플렉스가 많이 사라졌지만, 학창 시절에는 꾱장한 스트레스였다.

나는 책을 쓰는 작가가 되어 나의 콤플렉스인 어눌한 말투를 완전히 고치고 싶다. 여러 사람 앞에서 떨지 않고 강의하며 원래의 활달한 성격을 찾아가고 싶다. 간절히 원하고 상상하면 행운이 내면으로 끌어당겨 오게 될 것이다.

책이 나온다면 제일 궁금한 것은 인세가 얼마나 되는지였다. '과연 인세로 먹고살 수 있을까?'라는 생각이 들었다. 김도사와 권마담의 저서 《김대리는 어떻게 1개월 만에 작가가 됐을까》에 나오는 내용이다.

"《리딩으로 리드하라》의 저자 이지성 작가는 지금은 많은 출판사가 그의 원고를 받으려고 줄을 서는 유명인이다. 하지만 불과 4~5년 전만 해도 그는 무명 작가였다. 그랬던 그가 책을 펴냈다 하면 베스트셀러에 오르는 유명 작가로 거듭난 것이다. 지금까지 팔린 이지성 작가의 책은 모두 합해 180여만 권에 달한다. 인세 수입만 18억 원이다."

이 글을 보며 부러웠다. 그리고 다른 한편으로는 나도 해낼 수 있을 것 같다는 목표가 생겼다.

"실패는 성공의 어머니다!"

발명왕으로 유명한 토머스 에디슨(Thomas Edison)이 한 말이다. 내가 좋아하는 문장이기도 하다. 실패를 두려워하지 않고 계속 나아간다면 언젠가는 성공할 수 있다는 의미일 테니까. 그처럼 나도 계속 책을 쓰다 보면 언젠가는 베스트셀러 작가가 될 수 있지 않을까. 무명 작가였던 이지성 작가가 유명해진 것처럼 나도 그럴 수 있으리라 믿어 의심치 않는다.

행운을 부르는 내면의 목소리를 들으려면 자신의 목표를 명확하게 해야 한다. 긍정적으로 생각하고 시련을 두려워하지 말아야 하며, 목표를 향해 우직하게 나아갈 때 비로소 우리의 내면으로 행운을 부르게 될 것이다.

행운은 이미 내 안에 있다

"운은 '타이밍'이기도 한 것 같아요. 준비된 사람은 누구에 의해서든, 어떻게 해서든 언젠가는 그 운이 찾아와요. 운이 빨리 오느냐, 늦게 오느냐의 차이는 있겠지만, 준비가 되어 있으면 언젠가는 잡을 수 있는 거죠."

전국 서점 32주 연속 베스트셀러였던 김도윤 작가의 《럭키》의 일부분이다. 당신은 김도윤 작가의 말에 동의하는가? 안타깝게도 사람들 대부분이 운은 타이밍이라는 사실을 잘 모르고 있는 것 같다. 운은 타이밍이 맞다. 행운은 간절히 원하면 반드시 찾아오기 때문이다. 운이 없다고 불평하지 않았으면 좋겠다. 충분히 준비만 잘되어 있으면 행운은 당신에게로 찾아올 테니 말이다.

2023년 9월, 〈한책협〉 김대표님과 1:1 컨설팅을 했다. 컨설팅을 마치고 대표님이 진행하시는 5주 책 쓰기 과정에 등록했다. 대표님의 여러 가지 조언을 듣고, 교재를 받아서 버스를 타고 집으로 향했다. 〈한책협〉의 사무실은 경기도 동탄에 있었는데, 내가 사는 곳은 강원도 춘천이었다. 나는 컨설팅 당일 차를 끌고 갈지, 대중교통을 이용할지 고민하다가 대중교통을 이용했다.

대중교통으로 〈한책협〉 사무실까지 가는 일은 쉬운 일이 아니었다. 버스로 여러 번 환승해야 했기 때문이다. 첫 번째 버스에서 내려 두 번째 버스로 환승하러 가는 길에, 문제가 발생했다. 〈한책협〉에서 받은 교재와 책들 그리고 지갑까지 버스에 두고 내린 것이다. 버스에서 내릴 때, 친구에게서 전화가 오는 바람에 통화에 정신이 팔려 교재와 책이 들어 있던 비닐 꾸러미를 깜빡 잊어 버렸던 것이다.

나는 교재를 놔두고 온 과거의 나를 자책했다. 순간 머릿속에 좋은 방도가 떠오르지 않았다. 몇 분을 멍하니 서 있던 나는 해당 버스 회사에 전화를 걸었다. 버스 회사 직원이 분실물은 모두 차고지 사무실에서 보관하고 있다고 알려 주었다. 그리고 내가 짐을 두고 내린 버스는 아직 운행 중이기 때문에 버스 기사가 종점을 지나 차고지로 돌아와야 분실물의 행방을 알 수 있다고 했다.

나는 식은땀이 나기 시작했다. '누가 들고 가면 어쩌지?' 하는 생각이 들었기 때문이다. 하는 수 없이 방향을 틀어 버스 종점으로 가는 버스를 탔다. 가면서도 나는 일체 부정적인 생각을 하지 않았다. '누가 그것을 갖고 갔을 것이다'라는 생각을 하는 순간, 실제로 그런 일이 일어날 것 같았기 때문이다. 대신 나는 '버스 기사님이 잘 보관해 주실 거야' 하는 희망 회로를 굴리며 차고지에 도착했다.

다행히 사무실 한편에 〈한책협〉에서 받은 교재와 책, 그리고 나의 지갑이 담긴 비닐 꾸러미가 고스란히 보관되어 있었다. 나는 연신 감사하다는 인사를 하고 다시 집으로 향했다.

만약 내가 당시에 '아, 누가 가져갔겠지? 이미 차고지에 가도 없을 거야. 망했다. 어떻게 받은 책인데 대표님께 뭐라고 말씀드리지?' 같은 부정적인 생각으로 미래를 예측했다면 아마도 그 일은 실제로 일어났을 것이다.

긍정적으로 생각했기 때문에, 무사히 그 꾸러미를 찾을 수 있었다고 믿는다. 이처럼 긍정을 믿고 생각하는 행위는 우리에게 그것을 실제로 가져다주는 놀라운 힘을 갖고 있다.

나는 《자유를 향한 머나먼 길》이라는 책을 감명 깊게 봤다. 이 책은 자유의 투사에서 성자가 되어, 세계에서 가장 존경받는 지도자이자 정신적 스승이 된 넬슨 만델라(Nelson Mandela)가 남긴 최고의 자서전이다.

넬슨 만델라는 '아파르트헤이트'가 벌어지던 시기에 남아프리카에서 태어났다. 아파르트헤이트는 남아프리카공화국(이하 남아공)에서 벌어진 백인 우월주의에 근거한 인종 차별 정책이다. 그는 어린 시절부터 반식민주의 및 반아파르트헤이트에 관심이 많았다. 그래서 아파르트헤이트 제도를 종식시키기 위한 정당에 가입했다.

하지만 그는 정치 투쟁을 벌였다는 이유로 27년간 감옥살이를 하게 된다. 1990년 석방된 그는 아파르트헤이트는 종식되어야 마땅하지만, 남아공은 유지되어야 한다는 신념을 가지고 있었다.

만델라는 남아공의 파국을 막기 위해 데 클레르크(Fredcrik Willem de Klerk)의 백인 정부와 '줄루족(남아공의 나탈주에 사는 종족)' 등과 협상을 벌여 민주적인 선거를 관철시켰다. 이러한 공로로 1993년 데 클레르크와 함께 노벨 평화상을 받았으며, 1994년 4월 남아공에서 처음으로 흑인이 참여한 자유 총선거를 통해 남아공 최초의 흑인 대통령으로 당선됐다. 대통령이 된 그는 마침내 남아공에서 아파르트헤이트를 종결시켰다.

"삶의 가장 큰 영광은 한 번도 실패하지 않는 것이 아니라 실패했을 때마다 다시 일어서는 데 있다."

넬슨 만델라의 자서전 《자유를 향한 머나먼 길》에서 그가 한 말이다. 그는 알고 있었다. 행운이 이미 그의 안에 있었다는 것을. 이 같은 생각으로 실패를 두려워하지 않았다. 그는 신념 덕분에 27년간의 긴 옥살이도 버틸 수 있었다. 이처럼 긍정적인 자기 확신에는 엄청난 힘이 있다.

우리의 삶과 운명을 형성하는 힘은 우리의 믿음, 결단력, 그리고 행동에 내재되어 있다. 넬슨 만델라의 이야기는 단지 운의 결과가 아니다. 그것은 자신에 대한 변함없는 믿음, 장애물을 극복하려는 의지, 그리고 인내심의 결과라는 것을 상기시켜 준다.

우리 내면에는 수많은 행운의 기운들이 존재하고 있다. 다만 이 수많은 행운의 기운들은 당사자가 깨닫지 못하면 실현이 불가능한 것들이다. 우리는 행운을 받아들일 준비가 되어 있어야 한다. 행운이 이미 나에게 있다고 믿는 것은 긍정적이고 자신에게 힘을 주는 메시지다. 또한 개인이 외부적 요인에 의존하기보다 기회와 성공을 만들어 내는 자기 능력을 믿는다는 것이다.

이 사고방식은 자신감과 결단력, 그리고 목표 달성을 위한 적극적인 태도를 장려한다. 행운이 이미 나에게 있다고 믿음으로써, 삶의 의욕이 생기고, 현명한 결정을 내리며, 긍정적인 전망을 예측하게 된다. 이 같은 믿음은 목표를 이루고 당신의 인생 성공에 도움을 준다. 운은 사람마다 다른 상황에서 올 수 있지만, 간절히 원하는 사람 모두에게 행운이 찾아갈 것이다.

이 믿음은 역경에 직면했을 때 더욱 탄력을 받고, 꿈과 목표를 향해 다가가기 위한 동기부여가 된다. 실패를 두려워하지 않고 성장하고 배울 수 있는 기회로 인식하게 해 준다. 때때로 예측할 수 없고 변덕스러운 세상에서, 이러한 믿음은 우리가 성공의 설계자가 될 수 있도록 용기를 준다.

'행운은 이미 내 안에 있다'라는 믿음은 우리들을 성공으로 이끌어 줄 가이드 역할을 할 수 있다. 행운은 우연의 문제가 아니라 태도의 문제라는 것을 잊지 말자. 내면에 행운을 가득 채우려면 자신의 능력을 믿고 우리에게 닥친 시련들을 피하지 않고 수용할 수 있어야 한다.

시련들에 맞설 때 우리는 각자의 내면에 있는 행운의 샘에 다가간다. 그 행운의 샘을 내면 밖으로 꺼낼 줄 알아야 한다. 그것은 운명을 형성하고, 다른 사람들에게 영감을 줄 수 있는 믿음이 된다. 우리가 가지고 있는 가장 강력한 행운은 자신에 대한 믿음이다.

그것을 깨닫고 인생을 살아간다면, 어떠한 시련도 두렵지 않다. 시련을 견디고 경험을 발판으로 앞으로 나아간다면, 언젠가는 행운 가득한 날이 올 것이다. 그날이 오기 전까지 내면을 행운으로 가득 채울 준비를 하는 것을 게을리해서는 안 된다. 나는 이책을 읽고 있는 당신이 충분히 해내리라 믿는다.

잠재의식의 정원에 행운의 씨앗을 심어라

어렸을 때부터 우리 가족은 아버지의 직장 동료 가족들과 자주 여행을 다녔다. 당시 우리 집에는 차가 없었다. 그래서 어쩔 수 없이 우리 가족은 뿔뿔이 흩어져 아버지 직장 동료들의 차를 얻어 타면서 여행하곤 했다. 나는 어린 마음에 부모님에게 왜 우리만 차가 없냐고, 여행 다닐 때마다 가족들이 흩어져서 싫다고 이야기했다.

그렇게 불편한 여행을 다니다가 내가 초등학교 3학년이 됐을 무렵 아버지는 새 차를 구입했다. 처음 새 차를 봤을 때 나는 우리 집이 차를 살 만한 형편이 안 된다고 생각했기에 우리 차가 아닌 줄 알았다. 그래서 비닐도 뜯지 않은 신차의 모습을 보고도 믿기지가 않았다. 아버지는 그런 나에게 우리 차가 맞다는 사실을 재차 확인 시켜 주었다. 순간 나는 여행 갈 때 더 이상 우리 가족이 생이별을 하지 않아도 된다는 안도감에 너무나 기뻤다.

그렇게 우리 가족은 새로 장만한 차를 타고 전국 방방곡곡 여행을 다녔다. 나는 차만 탔다 하면 잠이 드는 어머니와 형을 대신해 항상 조수석에 앉아서 운전으로 피곤할 만한 아버지의 말동무가 되어 드렸다.

어렸을 적, 꽤 규모가 큰 꽃 축제에 간 적 있다. 그곳에는 수많은 종류의 꽃들이 활짝 피어 있었다. 순간 나는 꽃들이 어떻게 피는지 궁금했다. 아버지는 궁금해하는 나에게 꽃이 피는 과정을 설명해 주셨다.

"꽃의 씨앗은 여러 요인에 의해 땅에 떨어지게 되는데, 떨어진 씨앗에서 뿌리가 자라나기 시작해. 그러면 땅속 깊은 곳까지 뿌리가 내리게 되고. 땅속에 있는 여러 영양분을 공급받게 된단다. 그렇게 영양분을 공급받은 뿌리는 줄기와 잎을 밖으로 자라나게 하고, 마침내 꽃이 피는 거야."

아버지의 이야기를 듣고, 나는 '꽃들도 인간처럼 살아남기 위해 결실을 보는 거구나'라고 생각하게 됐다. 인간과 마찬가지로 모든 것들은 존재만으로 소중하다. 수많은 정자 중에 한 마리의 정자가 난자와 만나 수정이 되어 인간이 태어나듯, 꽃이나 나무도 수많은 씨앗 중 모진 세월과 시련을 겪고 살아남은 소수의 씨앗만이 결실을 보게 된다.

성인이 된 이후부터는 타지 생활을 오래 하는 바람에, 부모님과 여행할 수 있는 시간이 많지 않았다. 최근에서야 부모님 곁으로 발령을 받아 고향 집에 내려와서 함께 여행을 다니기 시작했다.

결혼해서 가정을 이룬 형 가족과 우리 가족이 충북 제천으로 여행을 다녀온 적이 있다. 숙소로 가는 길에 도로 양쪽으로 관리가 잘된 나무들이 줄지어 있었다. 나무의 나뭇잎은 사람의 손길을 받은 듯이 둥글게 다듬어져 깔끔해 보였다. 나는 그 나무들을 보며 '진짜 예쁘게 관리 잘했네' 하고 생각하면서 이처럼 멋진 정원을 갖고 있는 미래의 내 모습을 상상해 봤다. 상상 속의 내 모습은 너무나도 여유롭고 보기 좋았다.

내가 고등학교 3학년 때의 일이다. 아버지가 25년간 다니던 직장에서 명예 퇴직하셨다. 가족 모두 아버지에게 '왜 명예 퇴직했어?'라고 이유를 묻지 않았다. 이제 우리 집은 형과 내가 취업할 때까지 어머니의 수입으로만 생활해야 한다는 현실만 자각했을 뿐이다. 아버지 퇴직 당시에는 어머니가 무척 힘들어하셨지만, 지금은 많이 나아졌다.

아버지는 퇴직하시고 조경기능사 자격증을 따기 위해 열심히 공부하셨다. 몇 번 불합격의 고배를 마신 아버지는 마침내 자격증 취득에 성공했다. 아버지는 얼마 지나지 않아 강원도 임계 쪽에 맹지를 사서 그곳에 나무를 심으셨다.

그때는 왜 맹지를 사서 나무를 심었는지 알지 못했다. 최근에서야 아버지를 따라 임계에 가게 됐는데 나는 그때 심은 나무에서 고로쇠 물을 채취할 수 있다는 것을 알았다. 아버지는 고로쇠 물 채취법을 배우셨는지, 그곳에 가서 전문가처럼 고로쇠 물을 채취했다.

갈 때마다 20L 생수통 기준으로 3병을 채워서 오셨다. 우리 가족은 아버지 덕분에 남들은 귀해서 못 마신다는 신선한 고로쇠 물을 매년 겨울마다 마실 수 있게 됐다.

귀농이 꿈이었던 아버지는 임계 맹지 말고도 삼척 미로면에 땅을 사서 소일거리로 밭을 경작하셨다. 나도 부모님이 계신 곳으로 발령 받은 뒤로는 가끔 아버지를 따라 밭에 가서 일을 도와드렸다.

생각보다 힘들었지만 그곳에서 여러 가지 채소들이 자라나는 광경을 보면서, 씨앗의 신비함을 느끼게 됐다. 아버지는 지금도 부지런히 밭에 여러 가지 채소들의 씨앗을 심으시고 그 결과물을 식탁에 올려 주신다. 나는 밭에 주렁주렁 달려 있는 열매들을 보며 우리 인간도 내면에 상상의 씨앗을 심으면 언젠가는 빛을 보리라 생각했다.

우리의 잠재의식은 상상할 수 없을 만큼 광대하고 무한하다. 이 무한한 잠재의식에 행운의 씨앗을 심는다고 상상해 보자. 이 씨앗들은 우리의 행동에 따라 시들 수도 있고, 열매를 맺을 수도 있다. 그렇다면 잠재의식의 정원에서 행운의 씨앗이 결실을 맺게 하려면 어떻게 해야 할까?

우선, 자신의 욕망을 시각화하고 그것을 현실 세계에 표현하는 방법을 찾아야 한다. 그리고 긍정적인 생각을 통해 행운의 씨앗에 영양분을 공급해야 한다. 또한 모든 일에 긍정적인 행동을 취하면 행운의 씨앗의 성장을 돕게 된다.

명상을 통해 잠재의식, 즉 내면의 정원을 돌보는 것도 중요하다. 우리의 생각과 신념을 욕망과 일치시킴으로써, 행운과 풍요를 끌어당길 수 있을 것이다. 때로는 시련이나 부정적 사고 등 행운의 성장을 방해하는 요소들을 극복하는 것도 필요하다. 이러한 극복을 통해 얻은 교훈들은 씨앗이 결실을 맺는 데 큰 도움이 될 것이다.

행운의 씨앗에 영양분을 공급하고 결실을 볼 수 있는 것에 대해 감사하는 마음을 가지는 것이 중요하다. 또한 내면을 돌보는 것은 역경과 좌절로부터 잠재의식의 정원을 보호하는 방법이다.

이렇게 잠재의식의 정원에서 행운의 씨앗을 심고 가꾸면, 열매라는 결실을 볼 수 있다. 이 과정을 통해 운이 좋아지고, 더 만족스러운 삶을 영위할 수 있음을 깨닫게 되는 것이다.

"우리는 앞으로 2년 뒤에 닥쳐올 변화에 대해서는 과대 평가하지만 10년 뒤에 올 변화는 과소 평가하는 경향이 있다. 그렇다고 스스로를 나태함으로 이끌지는 마라."

마이크로소프트의 공동창업자이자, 세계에서 가장 부유한 사람 중 한 명인 빌 게이츠(Bill Gates)가 한 말이다. 빌 게이츠의 말처럼 스스로를 나태함으로 이끌지 말고, 당신의 내면에 있는 잠재의식의 정원을 가꾸어야 한다. 그렇다면 빌 게이츠는 어떻게 잠재의식의 힘을 사용해서 성공하게 됐는지 알아보자.

게이츠는 이루고자 하는 목표에 대한 명확한 비전을 가지고 있었다. 그것은 그에게 모든 가정과 사무실에 컴퓨터가 놓여 있는 세상을 시각화하게 했다. 이러한 비전은 당시에는 대담한 것처럼 보였지만 결국 현실이 됐다.

또한 그는 자신의 능력과 아이디어 잠재력에 대한 획고한 신념을 가지고 있었다. 게이츠는 사업 초기에 다양한 어려움과 역경에 직면했다. 하지만 그의 인내와 변화에 대한 능력을 통해 장애물을 극복하며 계속 앞으로 나아갈 수 있었다. 비결은 항상 새로운 해결책과 접근법을 찾기 위한 혁신적 마음가짐을 갖고 있었기 때문이다. 이러한 마음가짐을 통해 그는 기술 발전의 최전선에 머물 수 있었다.

그는 머릿속으로 종종 전 세계 사람들이 마이크로소프트의 제품을 사용하고 있는 상상을 했다. 그의 제품들이 사회에 미칠 영향을 상상함으로써 자신의 결의를 강화했다. 그는 이런 마음가짐 덕분에 결국 엄청난 성공을 이루었다. 세계에서 영향력 있는 인물이 된 게이츠는 자선 활동을 하기 시작했다. 그의 자선 활동은 세계를 더 나은 곳으로 만드는 것에 대한 실천을 보여 준다.

빌 게이츠의 사례는 우리가 왜 잠재의식의 정원에 행운의 씨앗을 심어야 하는지 명확하게 말해 준다. 씨앗이 성장해서 꽃이나 나무가 되어 결실을 보듯이, 내면에 있는 잘 관리된 행운의 씨앗은 머지않아 우리를 성공으로 이끌어 줄 것이다.

시련을 행운으로 바꾸는 잠재의식의 힘

인생을 살다 보면 누구에게나 시련은 찾아온다. 시련은 우리들의 삶에 예기치 않게 찾아온다는 말이다. 시련이 찾아왔다고 지레 겁을 먹고 피하는 사람들이 있는 반면, 겁먹지 않고 통과 의

례로 생각해서 맞서는 이들도 있다. 당신은 전자인가, 후자인가? 대부분 전자라고 생각할 것이다. 하지만 시련은 두려워하는 것이 아니라 맞서는 것이다. 우리의 잠재의식에는 시련을 행운으로 바꾸는 힘이 있기 때문이다. 그렇다면 시련을 행운으로 바꾸는 잠재의식의 힘은 무엇일까?

2022년, 나는 직장에서 강원도 동해에 새로 발령을 받았다. 나는 우리 팀이 갖춰지기 전, 팀장님과 함께 선발대로 새로운 발령지에 왔다. 직종 특성상 기존에 계약이 남아 있던 다른 회사가 사무실을 사용하고 있는 바람에 나와 팀장님은 제대로 된 사무실도 갖추지 못했다. 어쩔 수 없이 팀장님과 나는 A팀 사람들과 함께 사무실을 쓰며 직장 생활을 하기 시작했다.

시간이 흘러 기존에 있던 회사의 계약이 만료되어 드디어 제대로 된 사무실을 사용할 수 있게 됐다. 새로운 사무실에서 자리 정리를 하고 있었는데, 팀장님께서 B팀과 써야 할 사무실을 A팀과 쓰게 됐다고 했다. 우리와 함께 사무실을 사용하게 된 A팀 직원은 팀장 1명, 차장 1명, 주임 1명이었다. 그렇게 의도하지 않게 불편한 회사 생활이 시작됐다.

나는 팀의 서류를 담당하는 직무를 맡아 특히나 A팀장님과 접촉하는 일이 많았다. 우리 팀장님과 A팀장님의 눈치를 함께 봐야 했던 것이다. 새로운 발령지에서 열심히 적응하고 있던 중 소장님께서 사무실이 허전하다고 벽 한편에 회의용으로 쓸 화이트보드를 달아 놓으라고 했다.

나와 A팀 주임은 화이트보드를 어떻게 붙일지 고민하다가, 나의 제안으로 접착제를 사용해서 붙여 놓았다. 하지만 접착력이 강력하지 않았던 탓에, 화이트보드는 금방 떨어져 버렸다. 나는 화이트보드가 떨어진 줄도 모르고 일에 집중하고 있었다. 때마침, 현장 순찰을 돌고 들어온 A팀장님이 떨어진 화이트보드를 목격했다.

정신 차리고 보니 사무실은 온통 접착제 냄새로 머리가 아플 지경이었다. 접착제 냄새를 제거하기 위해 청소하던 중 A팀장님은 우리 팀장님에게 "어디서 저런 걸 데려왔어? K팀장, 김 대리 다시 전 근무지로 보내야겠는데?"라고 말했다. A팀장님 입장에서는 농담조로 말한 것이었지만, 그 말은 들은 나는 기분이 무척 안 좋았다. 같은 사무실에서 생활해 보니 A팀장이 하는 농담들은 상대방에게 비수로 꽂히는 경우가 많았다.

생각해 보니, 내가 살아오면서 어딜 가든지 A팀장님 같은 사람은 꼭 한 명씩 있었다. 나는 속으로 생각했다. '지금까지 잘 버텨왔잖아. 저분이 뭐라 하든 내 갈 길만 가면 돼'라고 말이다. 이렇게 생각하니 마음이 한결 편해졌다. 그 뒤로는 A팀장이 던지는 농담에도 상처받지 않고 덤덤하게 대처할 수 있었다.

회사에 입사하고 얼마 지나지 않아 비계 교육을 받았던 적이 있다. 비계는 사람의 키가 닿지 않는 곳에 세워서 그곳에 사람이 올라가 작업을 하는 가설 물체다. 당시 나는 신입사원이었고 모든 일에 열의가 넘쳤다. 당시에 나는 1년에 자격증 1개를 따자는 목표도 갖고 있었다.

교육은 8시간 동안 진행됐는데, 이론과 실습이 함께 있는 지루하고 힘든 교육이었다. 강사님은 비계 기능사는 필기 없이 실기만 합격하면 자격증이 나온다고 하셨다. 교육만 잘 들으면 자격증을 충분히 딸 수 있으니 본인만 잘 따라오면 된다고 하셨다. 물론, 비계 교육 수료증만 있어도 비계를 쌓고, 철거하는 데 법적인 문제가 없었다. 하지만 나는 자격증을 따고 싶은 마음에 하루 종일 강사님의 교육을 집중해서 들었다.

그렇게 교육을 수료하고 몇 주 뒤, 나는 회사에 연차를 내고 비계 실기 시험을 보러 갔다. 시험 시간은 5시간이었고, 중간에 점심 시간 없이 비계를 설치하고 시험 감독관에게 채점을 받으면 되는 시스템이었다.

교육을 받을 때는 2~3명이 같이 결과물을 쌓아 올렸지만, 실기 시험에서는 혼자서 결과물을 만들어야 하므로 힘든 시간이었다. 처음에는 '내가 5시간 안에 결과물을 낼 수 있을까?' 하는 생각으로 시작했지만, 교육 때 강사님에게 배운 스킬과 지식으로 조금씩 형태를 갖춰지고 있는 결과물을 보니 할 수 있겠다는 희망이 생겼다.

땀을 뻘뻘 흘리며 정신없이 만들어 가던 중, 시간을 보니 2시간 남짓 남아 있었다. 지금 속도로 쌓아 올리다가는 제시간에 결과물을 만들 수 없겠다는 생각이 들었다. 나는 초조해지기 시작했다. 마음이 급했던 탓일까? 30분을 남기고 멀리서 결과물을 보니 한쪽으로 심하게 기울어져 있었다.

이 상태로 완성을 해 봤자 100퍼센트 실격 처리될 것이 뻔했다. 나는 4시간 30분 동안 고생했던 것이 물거품이 되는 것 같아 허탈했다. 내가 쌓은 비계는 상당히 많이 진행된 상태여서 허물고 다시 쌓기에는 시간이 부족했다. 포기하고 싶었다. 하지만 그 상태로 포기하기에는 내 노력이 아까웠고, 나는 방법을 찾기 위해 무엇이 잘못됐는지 곰곰이 생각하기 시작했다.

순간 내 눈에 기초 쪽에서 다른 곳에 비해 헐겁게 지탱되어 있는 부분이 보였다. 그곳을 다른 곳처럼 튼튼하게 수정해 보니, 거짓말처럼 비계가 똑바르게 수정됐다. 그렇게 수정된 비계를 좀 더 보강해서 최종적으로 감독관에게 채점을 받았다. 감독관은 이리저리 나의 비계를 둘러보더니, "축하합니다. 합격입니다. 이제 해체하고 집에 가시면 됩니다"라고 말해 주었다. 감독관의 말을 듣고 나는 뛸 듯이 기쁜 마음으로 비계를 해체할 수 있었다.

이처럼 시련이 찾아와도 포기하지 말고 시련에 맞서는 용기가 필요하다. 내가 비계 기능사 실기 시험 때 겪었던 일처럼 시련은 사소한 것 하나만 바꿔도 행운으로 다가올 수 있다.

잠재의식의 힘은 무한하다. 상상대로 된다. 시련을 행운으로 바꾸는 여러 가지 방법을 공유한다.

1. 먼저 관점을 바꾸는 것이 중요하다. 시련을 성장과 학습의 기회로 간주해 보는 것이다.
2. 시련은 극복할 수 있다는 믿음을 갖는다. 좌절은 일시적이라는 것을 잊지 말아야 한다.
3. 모든 어려운 상황은 교훈을 제공한다. 시련에서 얻을 수 있는 교훈을 생각해 본다.
4. 시련을 마주할 때 대안과 해결책을 떠올려 본다. 때로는 어려운 상황에서 가장 창의적인 아이디어가 나올 수 있기 때문이다.
5. 종종 시련은 우리의 상황이 변화함에 따라 우리에게 다가온다. 변화를 자신과 자신의 삶을 새롭게 칭조할 기회로 받아들여야 한다.
6. 시련은 종종 인내를 필요로 한다. 시련을 극복하는 데 오랜 시간이 걸릴 수 있으며, 인내가 필수적이다.
7. 긍정적인 태도는 시련을 더 효과적으로 극복하는 데 도움이

된다. 감사를 연습하고 어려운 상황에서도 긍정적인 면을 중심으로 생각해 본다.

시련을 어떻게 대처하느냐에 따라 인생이 고단해지기도 하고, 행복해지기도 한다. 나는 그것은 본인이 생각하기 나름이라고 말하고 싶다. 시련을 행운으로 바꾸는 것은 시간과 노력이 필요한 과정이다. 어떠한 어려움에도 슬기롭게 대처하면 성공과 기회를 찾을 수 있다. 시련을 두려워하지 않고 긍정적으로 생각하면 언젠가는 시련이 행운으로 바뀌게 될 것이다.

당신의 잠재의식 속에 시련은 회피가 아닌 극복하는 것이라고 각인시키는 것이 중요하다. 그렇게 잠재의식이 세팅된다면, 어떠한 시련이 찾아와도, 아무리 인생이 힘들어도 끝까지 해낼 수 있는 명분이 생긴다.

우리는 모두 시련을 극복할 수 있는 잠재의식의 힘을 갖고 태어나기 때문이다. 나는 이 책을 읽고 있는 당신이 앞으로 어떠한 시련이 찾아와도 슬기롭게 대처할 수 있기를 희망한다.

"시련이 없다는 것은 축복받은 적이 없다는 것이다."
— 애드거 앨런 포(Edgar Allan Poe)

3장

성공한 사람처럼
잠재의식을
세팅하라

성공을 원한다면 잠재의식을 깨워라

많은 사람이 아무런 노력 없이 성공을 갈망한다. 로또만 봐도 그렇다. 2022년 우리나라 로또 판매 금액이 5조 4,468억 원인 것을 보면 말이다. 만약 로또 1등이 당첨되면 성공할까? 나는 아니라고 본다. 로또 1등에 당첨되고 몇 해 지나지 않아 재산을 모두 탕진하고 범죄를 저지르거나, 극단적 선택을 했다는 사례를 뉴스에서 종종 봤기 때문이다. 이렇듯 아무런 준비 없이 막대한 부를 가지게 되면, 대부분의 사람들은 판단력이 흐려져 돈 관리를 제대로 못하게 된다. 그러므로 성공하려면 성공할 준비가 되어 있어야 한다고 생각한다.

군대에 가기 전, 울산 현대조선에서 아르바이트를 잠깐 한 적 있다. 숙소 생활을 했는데, 아파트 한방에서 5~6명이 생활하는 열악한 구조였다. 룸메이트 중에 30대 중반 형이 있었다. 그 형은 일주일 일을 하고 주급으로 돈을 받으면 더 이상 출근하지 않앗다. 그러다가 PC방에서 몇 날 며칠 밤을 새우며 게임하다가 돈이 떨어지면 다시 출근하는 식이었다. 그 형은 한 가지 습관이 있었는데 매주 토요일 아침 꾸준하게 로또를 구입하는 것이었다. 아무런 노력도 하지 않고 벼락부자를 꿈꾸었던 것이다.

어느 날은 다시 일을 해야 하는데 신체검사를 받을 비용이 없어서 일을 못 한다는 것이었다. 사정을 딱하게 생각한 반장님이 "야! 이번이 마지막이야! 정신 차리고 꾸준히 출근해!"라며 그 형에게 돈을 빌려 주었다. 내가 학교에 복학해야 해서 아르바이트를 그만두기 전까지 그 형은 똑같은 생활 방식으로 시간을 보냈다. 나는 그 형을 보며 '나는 저 사람처럼 살지 말아야지' 하고 생각했다.

많은 사람이 성공을 원하지만 실제로 성공하는 사람은 소수뿐인 이유는 여러 가지가 있다.

성공을 위해서는 명확한 목표와 그에 따른 계획이 필요하다. 많은 사람이 성공을 원하지만, 목표를 설정하지 않거나 계획을 세우지 않기 때문에 성공에 도달하지 못하는 경우가 많다. 목표와 계획은 성공의 방향을 제시하는 데 도움을 준다.

또한 성공은 노력과 헌신에 의해 이루어진다. 소수의 사람은 열심히 노력하고 어려움을 극복하기 위해 헌신하는 데 비해 다른 사람들은 노력과 헌신이 부족하거나 포기하는 경향이 있다. 성공을 위해서는 힘든 일에도 꾸준한 노력과 헌신이 필요하다. 자기를 희생할 줄 알아야 한다.

성공은 종종 편리함을 포기하고 어려움을 극복하는 데서 얻을 수 있다. 그러나 성공을 원하는 사람 중 일부는 자신의 편리함이나 안락함을 위해 희생을 꺼리는 경향이 있기 때문에 성공하지 못한다.

자신감은 성공의 필수적인 요소다. 많은 사람들은 자기 능력을 믿지 못하거나 실패를 두려워해서 자신감을 잃게 된다. 그러나 소수의 사람은 자기 능력을 믿고 도전하는 정신을 갖고 있으며, 이를 통해 어려움을 극복하고 성공에 도달한다.

성공하는 사람들은 실패를 긍정적인 경험으로 받아들이고 배움의 기회로 삼는다. 그들은 실패를 좌절로 받아들이지 않고, 오히려 실패를 통해 성장하고 개선할 수 있는 방법을 찾는다. 이러한 긍정적인 마음가짐은 성공에 도달하는 데 큰 영향을 준다.

이처럼 성공에는 목표, 노력, 자기희생, 자신감과 실패에 대한 대처 방식 등 여러 가지 요소가 필요하기 때문에 이 같은 요소들에 의해 성공의 척도가 달라진다. 개인의 상황과 환경에 따라 요소는 달라질 수 있으나, 핵심은 목표를 정하고 노력하며, 어려움을 극복하고 자신감을 느끼는 데 있다.

준비 없는 성공은 밑 빠진 독에 물 붓기와 같다. 그럼 성공하려면 어떻게 준비해야 할까? 먼저 잠재의식을 깨워야 한다. 〈오프라 윈프리 쇼〉를 들어 본 적 있는가? 〈오프라 윈프리 쇼〉는 오프라 윈프리(Oprah Winfrey)가 1986년 9월 8일부터 2011년 5월 25일까지 진행한 토크 쇼다. 그녀의 쇼는 전 세계에서 인기를 끌었다. 그녀는 〈오프라 윈프리 쇼〉로 성공하기 전까지 많은 어려움을 겪었다.

오프라 윈프리는 미시시피주의 가난한 가정에서 태어났다. 그녀의 어린 시절은 가난과 학대, 성폭력이라는 어려움으로 가득했다. 그럼에도 그녀는 초등학교 때부터 뛰어난 연설 능력을 보여주었다. 이런 능력이 그녀에게 장학금을 획득하게 해 줬고, 그로 인해 대학에 진학할 수 있었다.

대학을 졸업한 후, 그녀는 뉴스 앵커로 일을 시작했다. 그 뒤로는 텔레비전 쇼 호스트로 큰 성공을 거두었다. 마침내 그녀는 자신의 이름을 딴 〈오프라 윈프리 쇼〉를 통해 사회 문제를 다루고, 다양한 이슈를 분석해서 이야기하는 것으로 유명해졌다.

〈오프라 윈프리 쇼〉는 그녀가 다루는 현실적인 토픽, 개인적인 접근법, 유명 인사 인터뷰, 그리고 긍정적인 메시지를 전달하는 방식으로 큰 인기를 끌었다. 쇼는 다양한 사회 문제와 현실적인 토픽을 다루는 것으로 유명했다.

가정 폭력, 인종 차별, 성평등과 같은 사회 문제를 공개적으로 논의했고, 이는 그 시절 대부분의 텔레비전 프로그램에서는 다루지 않던 주제들이었다. 그녀는 자신의 개인적인 경험을 공유하며 관객과 정서적으로 교류했다.

또한 유명 인사들을 쇼에 초대해서 그들의 성공 이야기, 실패 이야기, 그리고 그들이 극복해야 했던 도전에 대해 이야기했다. 이런 인터뷰는 관객들에게 많은 영감을 주었다. 마지막으로, 오프라 윈프리는 자신의 쇼를 통해 관객들에게 긍정적인 메시지를 전달하려고 노력했다.

그녀는 자기 계발, 자기 사랑, 그리고 긍정적인 생각의 중요성을 강조했다. 이러한 이유로 〈오프라 윈프리 쇼〉는 많은 사람들에게 사랑받았고, 그녀는 세계에서 가장 영향력 있는 여성 중 한 명이 됐다.

그녀의 성공 비결 중 하나는 그녀의 잠재의식을 바꾸기 위해 노력했다는 점이다. 오프라 윈프리는 자기 생각과 태도, 그리고 행동을 통제하는 능력에 대해 깊이 이해하려고 노력했다. 또한 그녀는 자기 생각을 긍정적으로 바꾸고, 그 생각들을 행동으로 옮기는 데 집중했다. 그녀는 자신의 목표를 명확히 설정하고, 그 목표를 달성하기 위해 끊임없이 노력했다. 이렇게 잠재의식을 바꾸는 데 중점을 두었던 그녀는 세계에서 성공한 여성 중 한 명이 됐다.

잠재의식은 우리의 행동, 생각, 그리고 감정에 큰 영향을 미치는 무의식적인 부분이다. 이러한 잠재의식은 종종 우리가 무엇을 원하고, 어떻게 행동해야 하는지를 결정하는 데 큰 역할을 한다.

잠재의식을 깨웠다면 성공을 받아들이기 위한 준비를 해야 한다. 사람들 대부분의 잠재의식은 정돈되지 않았다. 잠재의식을 정돈하는 것은 성공을 위한 중요한 과정이다. 따라서 성공을 원한다면, 잠재의식을 긍정적으로 바꾸고 정돈하는 것이 중요하다.

명상으로 잠재의식을 정리 정돈하는 방법이 있다. 명상을 통해 우리는 자기 생각과 감정을 더 잘 이해하고, 부정적인 생각과 감정을 인식할 수 있다. 이런 과정을 통해 우리는 부정적인 생각과 감정을 바꾸거나, 적어도 그것들이 우리의 행동에 미치는 영향을 줄일 수 있다.

또 다른 방법은 내면과 긍정적인 대화를 하는 것이다. 자기 자신에게 긍정적인 메시지를 전달하면, 이는 잠재의식에 긍정적인 영향을 준다. 예를 들어, "나는 이 일을 할 수 있다", "나는 충분히 가치 있는 사람이다"와 같은 긍정적인 메시지를 자신에게 계속해서 말해 보는 것을 추천한다. 자기 내면과의 긍정적인 대화는 자신감을 높이고, 성공에 대한 동기를 부여한다.

마지막으로, 명확한 목표 설정과 계획 수립도 중요하다. 명확한 목표는 우리에게 방향성을 제공하며, 계획은 그 목표를 달성하기 위한 구체적인 단계를 제시한다. 이를 통해 우리는 잠재의식을 더욱 효과적으로 정돈하고, 성공을 향해 나아갈 수 있다.

이런 방법들을 통해 잠재의식을 정돈하고 긍정적으로 바꾸는 것은 성공을 위한 중요한 첫걸음이 될 수 있다. 성공을 받아들이기 위한 잠재의식의 준비를 끝냈다면 우리는 성공을 향한 길을 열어 나갈 수 있다.

목표를 세워라

대학 1학년을 마친 겨울 방학 때의 일이다. 학교 봉사활동 프로그램으로 우크라이나에 갈 기회가 있었다. 왕복 비행기 값만 자비로 결제하면 나머지 비용은 학교에서 지원해 준다는 것이었다. 나는 곧장 이 사실을 전화로 부모님께 말씀드렸다. 그런데 아버지의 반응이 시큰둥했다. 아버지는 "꼭 가야겠니? 거기에 갔다 오면 취직시켜 준대?" 등 잔소리를 늘어놓기 시작하셨다. 잠잠히 듣고 있던 나는 아버지가 돈 때문에 나를 보내주기 싫어한다는 것을 알아차렸다.

"그래! 알았어! 안 가면 될 것 아냐!"

나는 아버지에게 짜증을 부리며 전화를 끊었다. "100만 원이면 갈 수 있는데, 우리 집에 그 정도 돈도 없나"라고 투덜대면서.

그러다 가만히 생각해 봤다. 두 아들 용돈, 큰아들 대학 등록금(나는 전문대를 전액 장학금으로 다녔다), 타지 원룸에 들어가는 월세 등 지출이 만만찮았다. 나는 죄송스러운 마음이 들어 저녁에 아버지에게 전화를 걸었다.

"아빠, 아까 내가 짜증 부려서 미안해."

"괜찮아, 아들. 가고 싶으면 다녀와. 돈 걱정하지 말고."

나는 아버지의 말에 울음을 터뜨리고 말았다. 조금 진정된 후 전화를 끊고 나서 나는 꼭 성공해서 돈 걱정 없이 우리 가족을 행복하게 살게 해 줄 것이라고 다짐했다.

며칠 후 봉사활동 일정보다 일찍 우크라이나에 도착했다. 키예프 공항에 내리니 깜깜한 저녁이었다. 초행길인 데다 주위가 캄캄해 나는 두려워지기 시작했다. 내 여행 준비는 한국에서 우크라이나 지도를 펴놓고 숙소까지 가는 길을 몇 번 시뮬레이션해 본 것이 다였다.

'무식하면 용감하다'라는 말은 꼭 나를 두고 하는 말 같았다. 공항에서 숙소 근처까지 버스를 타고 온 나는 대로변에서 내려 숙소까지 걷기 시작했다. 하지만 인터넷에서 검색해 본 사진을

닭은 숙소는 어디에도 없었다. 등골이 오싹해지기 시작했다. 우여곡절 끝에 숙소 앞까지 오기는 했지만, 이번에는 들어가는 방법을 알 수 없었다.

숙소 지하에는 맥줏집이 있었는데 내 또래로 보이는 남자애들이 술에 취해 나에게 시비를 걸어왔다. 너무나 무서웠지만 나는 애써 태연한 척했다. 내가 별 반응을 보이지 않자 그들은 다시 맥주를 마시러 가게 안으로 들어갔다. 잠시 가슴을 쓸어내리며 숨을 고르던 중 나와 같은 숙소로 들어가는 여행객이 보였다. 나는 그를 따라잡아 같이 숙소 안으로 들어갔다.

다음 날 나는 숙소 근처를 혼자 여행했다. 처음 하는 유럽 여행은 생각보다 신선했다. 혼자 하는 여행이어서 모든 것이 더 낯설게 느껴졌는지는 모르겠지만, 나름 괜찮은 여행이었다.

그렇게 혼자만의 짧은 여행을 끝낸 나는 세계 여러 나라에서 온 친구들과 함께 봉사활동을 시작했다. 봉사활동의 주 내용은 어느 시골 박물관을 페인트칠하는 것이었다. 세계 각지에서 모인 친구들은 모두 친절하고 유머러스했다.

거기서 만난 '제레미'라는 이탈리아인 형이 있었다. 그 형은 세계 여러 나라를 사진을 찍으며 여행 중이었다. 봉사활동 내내 나에게 여행담을 들려 주었는데, 마지막에는 크루즈를 타고 세계 여행을 하고 싶다고 했다. 그의 여행담을 들으며 나도 세계 여행을 하고 싶다는 목표를 갖게 됐다.

회사에 다닐 때의 일이다. 우리 회사는 동종 업계에서 직원 복지가 비교적 좋은 편이었다. 30평 아파트에서 직원 3명이 같이 생활했다. 숙소 룸메이트들과는 나이대가 비슷해 가끔 저녁도 같이 먹곤 했다.

그날도 함께 저녁을 먹고 있었는데, 한 룸메이트가 나에게 이렇게 물었다.

"문형아, 너는 앞으로 뭐 할 거야?"

"나는 조만간 회사 그만두고 여행 유튜버가 될 거야."

"그래? 그렇게 마음먹고 있는 네가 부럽다. 열심히 해 봐."

그때 나는 농담 반, 진담 반으로 동기에게 세계 여행을 다닐 것이라고 말했다. 당시 나는 세계 여행을 다니는 여행 유튜버들의 영상을 즐겨 봤다. 세계 여러 나라를 다니며 그곳 문화와 그곳 사람들과 교류하는 것이 정말 부러웠다. 영상을 보며 '나는 언제 저렇게 여행 다닐 수 있을까?' 하며 생각에 잠기기도 했다.

그러던 중 갑자기 메타버스에 관심이 생겨 8년간의 회사 생활을 정리하고, 메타버스 아카데미가 있는 춘천에 와서 메타버스 강의를 듣게 됐다. 짬이 생긴 나는 도서관에서 여러 책을 섭렵했다. 여러 자기 계발 책을 보면서 여태껏 나를 위한 인생을 살지 않았다는 것을 깨닫고, 이제부터 나를 위한 인생을 살리라 생각했다. 도서관에서 집으로 돌아온 나는 책상에 앉아 노트를 펴고 내가 하고 싶은 버킷리스트를 적었다. 그리고 5년 안에 모든 것을 이루리라 다짐했다.

이처럼 인생을 살아가는 데 있어 목표를 설정하는 것은 중요하다. 목표가 없는 상태에서는 방황하고 결정을 내리기 어려울 수 있지만, 목표를 세우면 우리는 명확한 방향성을 가지고 나아갈 수 있다. 목표를 세우는 것은 성공에 대한 올바른 방향을 제공하고, 그것에 초점을 맞출 수 있게 해 준다. 이를 통해 동기부여가 되고, 성취감과 만족감을 얻을 수 있다.

또한 목표를 향해 노력하고 성취함으로써 성장할 수 있다. 따라서 목표를 설정하는 것은 성공을 위해 꼭 필요한 중요한 과정이다. 그렇다면 목표를 어떻게 세워야 할까? 다음은 성공을 위한 명확한 목표와 계획을 세우는 방법이다.

먼저, 구체적이고 명확한 목표를 세워야 한다. 모호하거나 일반적인 목표는 달성하기 어렵다. 예를 들어, '한 달 안에 5kg 감량하기'와 같이 구체적인 목표를 설정한다. 그리고 목표는 현실적이고 실현 가능한 범위 내여야 한다. 너무 높거나 현실성이 없는 목표는 동기부여를 잃게 할 수 있다.

목표를 정했으면 다음은 큰 목표를 작은 단위로 나눠 세부적인 목표를 정하는 것을 추천한다. 이렇게 하면 목표를 달성하기 쉽고 구체적인 행동을 수행할 수 있게 된다. 세부적인 목표는 일일, 주간, 월간 등의 단위로 설정해서 단계적으로 진행할 수 있도록 계획하는 것이다.

목표를 세웠다면 이제는 목표를 달성하기 위한 계획을 세워야 한다. 구체적으로 어떤 행동을 취할 것인지, 어떤 것들이 필요한지 등을 고려해야 한다. 계획은 일정과 우선순위를 고려해서 작성한다. 중요한 일을 먼저 처리하고, 일정을 잘 조절해서 목표 달성에 집중할 수 있도록 한다. 목표를 달성하기 위해 포기하지 말고 꾸준히 행동하는 것이 중요하다. 행동할 때는 자신의 진행 상황을 체크하고 목표에 도달하기 위해 필요한 조처를 할 수 있도록 유연하게 대처한다.

마지막으로, 주기적으로 진행 상황을 평가하고 필요한 대처를 한다. 목표에 도달하기 위해서는 수정이 필요할 수 있다. 실패나 어려움이 있더라도 포기하면 안 된다. 실패는 배움의 기회이며, 실패의 경험을 통해 성공으로 나아갈 수 있다.

목표를 세우고 이를 이행하는 것은 성공을 위한 초석 단계다.

목표가 없는 성공은 바람 앞에서 모래성을 쌓는 것과 같다. 따라서 우리는 끊임없이 목표를 설정하고 그것을 향해 나아가는 행동을 취해야만 진정한 성공을 이룰 수 있다는 것을 명심해야 한다.

목표를 세우고 그것을 이루려는 의지는 잠재의식을 긍정적으로 형성하는 데 큰 역할을 한다. 목표는 우리가 원하는 결과를 시각화하게 하며, 이는 잠재의식에 성공적인 이미지를 심어 주는 힘을 갖는다.

이렇게 잠재의식이 긍정적으로 세팅되면 더욱 효과적으로 성공을 향해 나아갈 수 있게 된다. 그러므로 명확한 목표를 세우는 것은 성공적인 잠재의식을 설정하는 데 있어 중요한 요소라는 것을 잊지 말아야 한다.

당신만의 근사한 목표를 세워 보자. A4용지에 크게 자신의 버킷리스트를 적고, 잘 보이는 곳에 붙여 두자. 그것을 볼 때마다 엔도르핀이 솟아나고 동기부여가 될 것이다.

당신의 성공한 모습을 상상하라

"시작하기 위한 최선의 시간은 언제나 '지금'입니다."

미국 인터넷 종합 쇼핑몰 아마존의 창업자 제프 베이조스(Jeff Bezos)의 말이다. 그는 자신의 꿈에 대한 큰 비전을 갖고 아마존을 세계적인 기업으로 만든 인물이다. 예전의 나는 무언가를 시작하기도 전에 '이건 이래서 안 돼'라고 단정 짓는 버릇이 있었다. 나는 나의 상상력을 항상 그런 식으로 사용했다. 시간이 지나, 지금의 나는 제프 베이조스의 말에 공감이 간다. 매 순간 '아직 늦지 않았어. 일단 해 보자'라고 생각하니 모든 것이 전보다 잘 풀리는 경험을 했다.

1994년, 제프 베이조스는 아마존을 창업했다. 처음에는 온라인 서적 판매로 시작했지만, 그의 비전은 아마존을 세계 최대의 온라인 마켓플레이스로 발전시키는 것이었다. 베조스는 고객 경험과 서비스 품질에 대한 엄격한 기준을 갖고 있었다. 결국 그의 사업 철학 덕분에 아마존은 고객들에게 편리하고 다양한 제품을 제공하는 성공적인 플랫폼이 됐다.

그러나 초기에는 아마존이 수익을 내지 못하고 손실을 내는 기간이 길었다. 그런데도 베조스는 아마존이 세계적인 기업이 되는 것을 상상하면서, 장기적인 성장에 집중하며 투자를 이어갔다. 이 결정은 회사의 성장을 뒷받침했고, 아마존은 다양한 제품과 서비스를 추가해서 전 세계에서 가장 큰 온라인 마켓플레이스로 성장했다.

또한 베조스는 혁신과 실패에 대한 용기를 가지고 있었다. 그는 아마존 웹 서비스를 창업해서 클라우드 분야에서도 성공을 거두었다. 이는 초기에는 대중적인 관심을 받지 못했지만, 결국 세계적으로 성공한 사업으로 자리매김하게 됐다. 그는 아마존의 성공을 통해 세계 부자 순위에서 상위에 올라갔으며, 그의 이야기는 기업가 정신과 비전, 실패와 성공에 대한 교훈을 많은 사람들에게 전달하고 있다.

제프 베이조스의 성공 비결은 무엇일까? 그의 성공을 이룬 핵심은 다음과 같다.

첫째, 제프 베이조스는 자신만의 대담하고 우수한 비전을 갖고 있었다. 그는 아마존을 단순한 온라인 서점에서 세계 최대의 온라인 마켓플레이스로 만들기 위한 목표를 세우고 이를 위해 열정적으로 노력했다. 이러한 대담한 비전은 그의 상상력을 자극하고 혁신적인 아이디어를 탄생시키는 데 도움을 주었다.

둘째, 그는 항상 고객을 중심으로 생각하고 서비스를 개선하는 데 주력했다. 고객의 요구를 충족시키기 위해 최신을 다했다. 그는 고객들이 원하는 상황을 상상하고 이를 실현하기 위해 노력했다. 이를 통해 아마존은 고객들에게 우수한 품질을 제공하며 성공을 이루었다. 이러한 고객 중심의 접근은 그의 상상력과 창의성을 더욱 발전시키는 데 기여했다.

셋째, 제프 베이조스는 실험과 혁신에 대한 오픈 마인드를 갖고 있었다. 그는 새로운 아이디어를 탐구하고 실험을 통해 혁신을 이루는 것을 적극적으로 추구했다. 이를 통해 아마존은 새로운 비즈니스 모델과 서비스를 개발하며 성장할 수 있었다.

넷째, 어려움에 직면했을 때 긍정적인 마인드를 유지하고 해결책을 찾는 능력을 보였다. 그는 실패를 배움의 기회로 삼고, 문제를 해결하기 위해 끊임없이 도전했다. 이러한 긍정적인 생각은 그의 상상력을 견고하게 유지하는 데 도움이 됐다.

이러한 요소들이 제프 베이조스가 상상력의 힘을 통해 그의 비전을 실현하는 데 중요한 역할을 한 것이다. 제프 베이조스의 성공 비결은 많은 사람들에게 영감을 주었다. 상상력은 부정적인 생각을 하면 부정적인 결과가 나오고, 긍정적인 생각을 하면 긍정적인 결과를 끌어당긴다.

2021년 9월, 우리나라에는 넷플릭스에서 제작한 〈오징어 게임〉이라는 드라마가 선풍적인 인기를 끌었다. 〈오징어 게임〉은 2021년 10월, 넷플릭스가 정식 서비스되는 국가 중 인도를 제외한 모든 국가에서 시청률 1위를 달성했다. 이 드라마가 반영된 이후 전 세계에서는 〈오징어 게임〉 밈이 유행했다.

특히 유튜버 '미스터 비스트(MrBeast)'는 〈오징어 게임〉의 인기를 실감하고 그것을 패러디하는 영상을 제작했다. 드라마와 비슷한 세트장을 구축하고 상금도 걸었다. 그의 영상은 현재 기준 조회수 5.2억 회를 달성하면서 기존 드라마와 같이 엄청난 인기를 끌고 있다. 현재 그의 채널은 개인 채널로는 세계에서 첫 번째로 많은 구독자 수를 보유하고 있다.

나도 최근에 이 채널을 보기 시작했는데 영상을 보면서 '역시 1등 유튜버는 다르구나'라고 생각했다. 채널의 주인인 '지미'는 2013년에 처음 영상을 올렸다. 당시 그의 나이는 16세였고, 첫 영상을 게시한 그는 포기하지 않고 10년 동안 꾸준하게 영상을 올렸다. 그의 채널은 여전히 진행 중이다.

지미도 상상력의 힘이 대단하다는 것을 알고 있었을까? 2015년 어린 지미는 5년 후의 자신에게 보내는 영상 편지를 올렸다. 그는 영상에서 5년 후 자신은 구독자 100만 명을 찍었을 것이라고 상상했다. 실제로 5년 후인 2020년에는 구독자 수가 무려 3,000만 명이었다. 따져보면 그의 상상력이 그를 세계 최고의 유튜버로 만든 것이다.

그는 평소에 기부 콘텐츠를 많이 올렸다. 1,000명의 시각 장애인 치료하기, 1,000명의 청각 장애인 치료하기, 나무 2,000만 그루 심기, 쓰레기로 가득 찬 해변 청소하기 등 여러 공익적인 콘텐츠를 공유했다. 그의 선행은 왜 그가 세계 최고의 유튜버가 됐는지를 보여 주는 대목이다.

최근에 미스터 비스트는 아프리카 전역에 우물 100개를 설치하는 영상을 올렸다. 아프리카는 식수가 부족해서 어쩔 수 없이 더러운 강물을 마시거나, 어떤 곳에서는 물을 길으러 왕복 3km 의 산길로 다녀야 한다.

우물을 파기 위해 방문한 학교에서 한 학생이 지미에게 성공한 비결이 뭐냐고 물었다. 지미는 쑥스러운 듯 이렇게 대답했다.

"솔직히 말하면 좋아하는 일을 찾아서 그냥 오래 하면 돼. 그 럼 언젠가는 성공이 찾아올 거야."

지미의 말처럼, 끝까지 포기하지 말고 자신이 하고 싶은 일을 찾아서 해 보자. 결국에는 성공하게 될 것이다. 케냐부터 시작한 우물 파기는 우간다, 소말리아, 카메룬까지 계속됐고, 그는 많은 사람에게 맑은 식수를 공급해 주었다. 그뿐만 아니라, 그는 자전 거를 선물해 주고, 우기만 되면 다리가 유실되는 곳에 새로 다리 를 지어 주었다.

그것에서 멈추지 않고 어린 학생들을 위해 축구공을 선물해 주 고, 컴퓨터를 바꿔 주었다. 그의 자선은 영상으로만 멈추지 않고 계속 진행 중이다. 나는 그의 선행에 감동해서 영상을 다 시청한 뒤 그가 공유한 사이트에 들어가 기부했다.

자신의 성공한 모습을 상상하면 무슨 일이 벌어질까? 먼저, 동기부여와 열정을 불러온다. 자신의 꿈과 목표를 상상하며, 그것을 이루기 위한 자극을 받게 될 것이다. 또한 희망과 긍정적인 마인드를 심어 주게 된다. 당신은 성공한 모습을 상상함으로써 미래에 대한 긍정적인 전망과 가능성을 느낄 수 있다. 이를 통해 어려움에 부딪혔을 때 희망을 잃지 않고 긍정적으로 생각해서 해결책을 찾게 될 것이다.

성공한 모습을 상상하는 것은 자신의 잠재력과 능력을 믿고 성공할 수 있다는 자신감을 심어 줄 수 있다. 마지막으로, 성공의 의미와 가치에 대해 다양한 상상의 기회를 준다. 이는 성공의 정의에 대해 다시 생각해 볼 수 있고 자신만의 의미 있는 성공을 추구하는 방향으로 나아갈 기회가 된다.

제프 베이조스와 미스터 비스트의 이야기가 당신에게 자신의 꿈과 목표를 상상하며, 그것들을 지금 바로 시작할 수 있는 동기부여가 됐으면 한다. 또한 희망과 긍정적인 마인드로 심어졌기를 바란다. 미스터 비스트의 지미가 5년 후 자신에게 영상 편지를 쓴 것처럼, 당신도 미래에 당신이 성공한 모습을 상상히고, 목표를 향해 나아간다면, 성공은 곧 당신에게 다가올 것이다.

"상상력은 창조의 시작이다."

― 조지 버나드 쇼(George Bernard Shaw)

성공한 사람들의 습관을 배워라

우리는 개인마다 자신들의 개성 있는 습관을 지니고 있다. 습관은 어떻게 생기는 것일까? 습관은 어떤 행동이 반복되어 일정한 패턴으로 자동화되는 것이다. 습관은 우리가 일상생활에서 자주 반복하는 행동들을 의미한다. 이러한 행동들은 처음에는 인식이 필요하지만, 점차 무의식적으로 이루어지게 된다.

습관은 크게 3단계로 형성된다. 습관을 형상하는 3단계는 신호, 행동, 보상이다. 습관은 특정한 신호에 의해 시작된다. 이 신호는 우리의 주변 환경이나 내부적인 상태에 의해 유발될 수 있다. 예를 들어, 알람이 울리면 일어나서 운동을 시작하는 것과 같은 경우다.

우리는 신호에 반응해서 특정한 행동을 수행한다. 이 행동은 습관이 형성되는 핵심이다. 초기에는 의지력과 노력이 필요하지만, 반복함으로써 점점 자동화된다. 운동을 할 때 운동복을 입고 체육관에 가는 것처럼 말이다.

이러한 행동을 마치면 보상을 준다. 이 보상은 우리에게 만족감이나 쾌감을 주는 요소다. 보상은 습관을 유지하고 강화하는 역할을 한다. 운동을 마치면 건강한 몸과 산뜻한 느낌을 얻게 되는 것처럼 말이다.

이러한 신호-행동-보상의 과정을 반복하면서 습관은 점차 강화되고 자동화된다. 중요한 점은 습관 형성에는 시간과 반복이 필요하며, 의지력과 결단력을 통해 초기 단계를 극복해야 한다는 것이다. 또한 긍정적인 보상과 목표 설정은 습관 형성을 돕는다. 습관은 우리의 삶을 효율적으로 만들어 주고 목표 달성에 큰 도움을 주므로, 의식적으로 원하는 습관을 형성하는 것이 중요하다.

나는 틈이 나면 도서관에 가서 책을 읽는 습관이 있다. 그러던 어느 날 평소처럼 들른 도서관 자기 계발 코너에서 제목이 눈에 띄는 책을 발견했다. 그 책은 '김도사'의 저서 《더 세븐 시크릿》이었다. 책 표지에는 '신용 불량자에서 180억 자수성가 부자가 된 7가지의 비밀'이라고 적혀 있었다. 나는 책의 제목과 표지가 마음에 들어 책을 들고 빈자리에 앉아 읽기 시작했다.

앉은 자리에서 책을 다 읽고, 연이어 《150억 부자의 부의 추월차선》까지 보고 나서 책에서 언급된 〈한책협〉에 가입했다. 이후 김도사님이 알려 주시는 글쓰기 과정에 등록했다. 김도사님은 첫 수업에서 목숨 걸고 코칭한다고 했다. 그 말은 진실이었다.

책 쓰기 과정을 수료하고 나니 김도사님에게 배운 대로 원고가 술술 써지기 시작했다. 나는 김도사님에게 배운 지 두 달 만에 이렇게 책을 출판할 수 있게 됐다. 역시 배우려면 최고에게 배워야 한다. 김도사님이 왜 그렇게 자신만만했는지 이제는 알게 됐다. 이 책은 김도사님이 없었다면 이 세상에 나오지 못했을 것이다.

이 자리를 빌려 감사를 표현하고 싶다.

나는 김도사님에게 배운 대로 책 쓰기를 습관화하고 있는 중이다. 책이 세상에 나오면 석사 학위, 박사 학위보다 더 근사한 작가라는 직업을 갖게 된다. 생각만 해도 엔도르핀이 솟는 것 같다. 책이 출간되면 많은 사람이 내 책을 읽을 것이고, 더 나아가 내게 책 내용에 대해 문의도 해 올 것이다. 그뿐만 아니라 강연도 하고, 컨설팅도 해 줄 수 있으리라.

이렇게 책 한 권을 내면 자연스레 퍼스널 브랜딩이 된다. 그에 따라 내 몸값도 올라갈 것이다. 처음 보는 사람에게 명함 대신 내 책을 선물로 주면 어떨까. 아마도 나를 존경의 눈빛으로 바라보지 않을까.

책 쓰기를 하면서 내 인생이 많이 달라졌다. 지금껏 나는 나를 위해 살지 않았다. 매번 남의 눈치를 살피며 조심스럽게 행동했다. 이제는 그럴 필요가 없다는 것을 깊이 깨닫고 있다. 왜냐하면, 내 인생은 남이 대신 살아 주지 못하는 내 것이기 때문이다. 이것이 내가 자신감을 갖추고 주도적인 인생을 살아가리라 결심한 배경이다.

한번 몸에 밴 습관은 바꾸기가 어렵다. 하지만 당신은 시간과 노력이 필요하더라도, 성공하기 위해서 습관을 바꿔야 한다. 습관을 바꾸기 위해서는 먼저 현재 자신이 행동하고 있는 습관을 인식해야 한다. 어떤 습관을 바꾸고자 하는지 명확히 파악하고, 그 습관이 현재의 삶에 어떤 영향을 미치는지 인식하는 것이 중요하다. 습관의 장단점을 분석하고, 바꾸고자 하는 이유를 명확히 이해해 보자.

또한 기존의 습관을 대체할 수 있는 새로운 행동을 실행해야 한다. 바꾸고자 하는 습관에 대체할 수 있는 다른 긍정적인 행동을 해 보자. 예를 들어 스낵을 먹는 습관을 바꾸고자 한다면, 과일이나 견과류로 그 습관을 대체할 수 있도록 다른 선택지를 고려해 보는 것이다.

습관은 주변 환경과 밀접한 관련이 있다. 습관을 바꾸기 위해서는 주변 환경을 새롭게 조성해서 바뀐 습관을 지원하는 것이 중요하다. 운동 습관을 형성하고자 한다면, 운동 기구나 운동복을 가까운 곳에 두거나 운동하는 장소를 본인에게 맞게 편하게 만들어 본다.

습관을 바꾸려면 반복과 연습이 필요하다. 일정한 노력과 시간을 투자하며 새로운 행동을 반복해야 습관으로 자리 잡을 수 있다. 처음에는 새로운 행동에 집중하고, 점점 그 행동이 무의식적으로 자동화되도록 계속 반복해 보자.

습관을 바꾸는 것은 쉽지 않지만, 의지력과 인내, 그리고 지속적인 노력을 통해 가능하다. 집중력을 유지하고, 실패에 대한 유연한 태도를 가지며, 성공적인 습관을 형성하는 데 힘쓰자.

테슬라와 스페이스X의 CEO 일론 머스크(Elon Musk)는 그의 혁신적인 비전과 목표로 인해 과학기술 발전에 큰 영향을 끼치고 있다. 그의 목표는 인류의 미래를 변화시키는 것이다. 그는 우주여행, 지속 가능한 에너지, 인공지능 등의 분야에서 혁신적인 비전을 제시하며 이를 향해 끊임없이 도전하고 있다. 그의 열정과 성실함은 그를 지속적으로 동기부여하고, 그의 목표를 향해 나아가게 한다.

그는 자신의 비전을 실현하기 위해 피곤한 줄 모르고 노력했다. 그의 업무량과 업무 능률은 항상 최상의 결과를 달성하기 위한 것이었다. 그의 열정은 어려움을 극복하는 힘을 부여했고, 그의 헌신은 그를 성공으로 이끌었다.

머스크는 도전을 두려워하지 않는다. 실패를 겁내지 않고, 오히려 그것을 배움의 기회로 삼는다. 그는 기존의 방법에 도전하며 새로운 해결책을 찾아내고, 실패를 통해 더 나은 방향으로 나아갈 수 있는 힘을 얻는다.

또한 그는 어려움에 직면하더라도 항상 긍정적인 마인드를 유지한다. 그는 문제를 해결하기 위해 적극적으로 노력하며, 그의 긍정적인 태도와 낙관주의는 그에게 스트레스와 압박에 대처하고 어려운 시기를 극복하도록 도와준다.

마지막으로, 머스크는 새로운 지식과 기술을 습득하기 위해 지속적으로 학습하고 발전하는 데 투자한다. 이러한 자기 주도적인 학습은 그의 성공에 중요한 역할을 한다.

우리는 이러한 일론 머스크의 습관을 배워야 한다. 그의 비전, 열정, 도전 정신, 실패를 받아들이는 자세, 긍정적인 태도, 그리고 지속적인 학습과 발전은 그의 성공의 핵심이다. 이러한 특징들은 그가 다양한 분야에서 인류의 미래를 바꾸는 업적을 이루어 내는 데 결정적인 역할을 한다.

일론 머스크의 성공 이야기 중에서 인상 깊은 것은 많지만, 나는 스페이스X의 착륙 가능한 로켓인 '팰콘9'의 개발이 가장 인상 깊다. 과거에는 로켓을 한 번 사용하고 버리는 것이 일반적이었다. 그러나 일론 머스크는 스페이스X를 설립하면서 새로운 비전을 제시했다. 그는 착륙할 수 있는 로켓을 개발해서 로켓의 부분적인 재사용을 가능하게 했다.

처음에는 많은 비판과 도전에 직면했다. 하지만 일론 머스크와 스페이스X 팀은 계속해서 연구와 실험을 진행하고 기술적인 어려움을 극복했다. 결국 2015년 12월, 팰콘9의 1단 로켓이 성공적으로 지구로 돌아와 착륙하는 역사적인 순간을 만들어 냈다.

이후로 스페이스X는 계속해서 로켓의 재사용을 개발하고 확대해 나갔다. 착륙할 수 있는 로켓은 비용을 대폭 절감하고 우주여행의 경제성을 향상시켰다. 또한 스페이스X는 인류의 우주 개척에 대한 도전적인 목표를 달성하기 위해 계속해서 발전하고 있다.

팔콘9는 일론 머스크의 혁신적인 사고와 열정, 그리고 기술적인 도전에 대한 인상적인 사례다. 이는 우주 산업에서의 혁신과 지속 가능한 우주 여행을 위한 중요한 발전으로 평가되고 있다.

성공자의 습관을 배워라. 당신도 그들처럼 될 것이다. 우리도 그들처럼 할 수 있다.

당신의 사고방식을 바꿔라

당신은 머라이어 캐리(Mariah Carey)의 〈All I Want for Christmas Is You〉라는 노래를 아는가? 이 곡은 매년 크리스마스가 다가오면 길거리 어디에서든지 단골로 들려오는 노래다. 이 노래를 듣고 있자면 마음이 편안해지고 근심 걱정이 없어지는 것 같다. 머라이어 캐리는 캐럴뿐만 아니라 다양한 장르를 넘나들며 전 세계 팬들에게 사랑받는 가수다.

그녀를 세계 최고의 가수로 만들어 준 비결은 그녀의 남다른 사고방식에 있다. 머라이어 캐리는 자신만의 독특한 음악적 스타일과 독자적인 정체성을 구축하는 데 주력했다. 그녀는 다양한 음악 장르를 융합해서 새로운 음악을 창조하고, 이를 통해 대중들에게 강한 인상을 심어 주었다. 이러한 창의성은 그녀가 다른 가수들과 구별되는 독특한 위치로 발돋움하는 계기가 됐다.

또한 자신의 음악 작업에 있어서 완벽주의를 추구하며, 음악에 대한 높은 열정을 보였다. 그녀는 노래 작곡, 편곡, 보컬 연습 등에 많은 시간과 노력을 투자해서 최상의 결과물을 만들어 냈다. 이러한 열정과 완벽주의는 그녀의 음악적 성공을 이끌었다.

머라이어 캐리는 음악적으로 변화하는 대중의 요구와 시대적 맥락을 잘 파악했다. 그녀는 음악적인 트렌드를 적극적으로 수용하고, 대중들이 받아들일 수 있는 다채로운 음악을 선보였다. 이를 통해 그녀는 항상 변화하는 음악 시장에서 새로운 성공을 거두었다.

그녀의 사고방식은 창의성과 독특한 음악적 정체성, 완벽주의와 음악적 열정, 그리고 대중의 요구와 시대적 맥락을 파악하는 능력을 키워 주었다. 이러한 사고방식은 그녀를 음악계에서 성공적인 아티스트로 만들었으며, 그녀의 음악은 많은 사람들에게 영감과 기쁨을 전달하고 있다.

나는 유튜브에서 재미있는 실험을 봤다. 벼룩은 원래 자기 키의 100배만큼이나 뛰어오를 수 있다. 이같이 놀라운 능력을 갖춘 벼룩을 유리병 안에 가두고 뚜껑을 닫는다. 벼룩은 유리병에서 탈출하기 위해 계속 뚜껑에 자기 몸을 부딪친다. 얼마 뒤, 벼룩을 밖으로 꺼내 봤더니, 딱 유리병 높이만큼만 뛰었다. 이는 우리의 사고방식과 연관이 깊다.

우리도 자기 능력을 제한하고 편견에 사로잡히면, 실패를 경험할 수 있다. 때로는 자신이 가진 잠재력을 제대로 끌어내지 못하고, 한계를 두고 안주하거나 자기 능력을 스스로 제한하는 경향이 있다. 이러한 사고방식은 우리의 성장과 발전을 방해한다.

하지만, 우리는 벼룩의 사례를 통해 사고방식을 바꿀 수 있다. 유리병에서 탈출하기 위해 뚜껑에 부딪치는 대신, 새로운 시도와 창의적인 해결책을 모색할 수 있다. 우리의 사고방식을 넓히고, 한계를 극복하기 위해 새로운 시도를 하는 것은 우리의 성장과 발전을 촉진할 것이다.

벼룩의 사례는 자기 능력을 제한하는 사고방식에 대해 생각하게 한다. 또한 한계를 극복하고 성장하기 위해 새로운 시도를 하는 중요성을 상기시켜 준다. 우리는 벼룩의 사례에서 영감을 받아 새로운 사고방식을 통해 더 나은 결과를 끌어낼 수 있을 것이다.

우리가 살고 있는 지구에는 많은 동물, 곤충들이 알에서 태어난다. 알은 그들에게 하나의 세상이다. 알을 깨고 나와야 비로소 또 다른 세상을 볼 수 있다. 그들이 알이라는 세상에 만족감을 느껴 알을 깨고 나오지 않는다면, 그들은 세상의 빛을 보지 못하고 죽게 된다.

알에서 나오는 순간 그들은 새로운 세계와 경험을 맞이하게 된다. 이는 우리가 새로운 아이디어를 받아들이고 새로운 시각을 개발하는 것과 유사하다. 사고방식을 바꾸고 새로운 시야로 접근함으로써 우리는 세상을 더 넓게 바라볼 수 있다.

알에서 나오는 과정은 동물들에게 성장과 발전의 기회를 제공한다. 알을 깨고 나오는 것은 동물들이 자신의 한계를 극복하고, 새로운 환경과 도전을 마주하며 성장하는 과정을 의미한다. 마찬가지로 우리도 사고방식을 변화시키고 새로운 도전에 마주할 때 성장하고 발전할 수 있다.

따라서, 현상에 대한 사고방식을 변경하지 못하는 경우 발전이 어렵다는 것으로 간주할 수 있다. 우리는 새로운 상황에 대한 적응과 창의적인 사고를 통해 문제를 해결하고 발전할 수 있다. 사고방식의 변화는 우리가 마주하는 문제를 새롭게 바라보고, 새로운 해결책을 모색하는 데 도움을 줄 수 있다.

우리의 사고방식은 우리가 생각하고 문제를 해결히는 방법, 근거와 가정을 형성하는 방식, 그리고 세상을 이해하고 해석하는 방식을 의미한다. 사고방식은 우리의 지식, 경험, 가치관, 문화적 배경 등에 영향을 받으며 개인마다 다르다.

우리의 사고방식은 다양한 측면을 포함한다.

1. **논리적 사고** : 논리적 사고는 문제를 분석하고 이해하는 과정에서 논리적인 방법을 사용해서 결론에 도달하는 것이다. 논리적 사고는 개념을 정확히 이해하고 상황을 분석하는 데 도움을 준다.

2. **창의적 사고** : 창의적 사고는 새로운 아이디어나 해결책을 찾는 과정에서 창의성과 상상력을 발휘하게 된다. 창의적 사고는 문제에 대한 새로운 시각을 개발하고, 새로운 관점에서 해결책을 모색하는 데 중요한 역할을 한다.

3. **시스템적 사고** : 시스템적 사고는 문제를 전체적으로 이해하고 관련 요소 간의 상호작용을 고려하는 것이다. 시스템적 사고는 복잡한 문제를 해결하거나 상황을 효과적으로 분석하기 위해 필요한 사고방식이다.

4. **비판적 사고** : 비판적 사고는 주어진 정보나 주장에 대해 논리적으로 분석하고 판단한다. 비판적 사고는 편견이나 편향을 피하고, 주장의 타당성과 근거를 검토해서 합리적인 결론을 도출하는 데 필요하다.

우리의 사고방식은 이러한 측면들을 종합적으로 활용하며, 문제 해결, 의사 결정, 학습, 창의성 발휘 등 다양한 상황에서 적용된다. 사고방식은 지속해서 성장하고 발전할 수 있는 능력이기 때문에, 새로운 지식과 경험을 습득하고 다양한 관점을 탐구하는 것이 중요하다.

그럼 사고방식을 어떻게 바꿔야 할까? 성공을 이루기 위해서는 다음과 같은 사고방식을 갖추는 것이 중요하다.

첫 번째, 긍정적인 사고방식이다. 긍정적인 사고방식은 문제를 해결하고 목표를 달성하기 위해 낙관적인 태도를 가지는 것이다. 어려움에 직면했을 때도 긍정적인 마인드로 도전하고, 실패를 배움의 기회로 삼을 준비를 한다. 긍정적인 사고는 도전에 대한 자신감을 키우고, 더 나은 결과를 끌어낼 수 있는 역량을 갖출수 있다.

두 번째, 유연한 사고방식이다. 유연한 사고방식은 새로운 아이디어를 받아들이고 다양한 관점을 고려하는 것이다. 한 가지방법에 국한되지 않고 다른 관점을 탐구하며, 문제에 다각도로접근하는 능력을 갖춰야 한다. 유연한 사고는 창의성과 혁신을발휘하며, 새로운 해결책을 모색하는 데 도움을 준다.

세 번째, 문제 해결 능력이다. 문제 해결 능력은 문제를 분석하고 조건을 파악하며, 다양한 해결책을 고려하고 평가하는 능력을 의미한다. 문제 해결 능력을 키우기 위해서는 논리적 사고와비판적 사고를 발전시키는 것이 중요하다.

네 번째, 성공을 이루기 위해서는 지속적인 학습과 개선의 사고방식이 필요하다. 새로운 지식과 기술을 습득하고, 자기 성장을 위해 노력하는 것이 중요하다. 성공한 사람들은 항상 새로운 것에 도전하고 개선을 위해 노력한다.

다섯 번째, 목표 지향적 사고다. 목표 지향적 사고는 목표를 분명히 설정하고 그에 따라 실천 계획을 세우는 능력이다. 목표 지향적 사고는 우리의 노력과 에너지를 효과적으로 관리하며, 성취감과 성공을 이룰 수 있도록 도와준다.

이러한 사고방식을 기를 수 있다면, 당신은 성공할 것이다. 하지만 개인이 정의하는 성공의 의미는 다를 수 있으므로, 자신의 가치관과 목표에 맞는 사고방식을 발전시키는 것이 중요하다.

성공을 이루기 위해서는 긍정적인 사고방식, 유연한 사고방식, 문제 해결 능력, 목표 지향적 사고를 갖추는 것이 중요하다. 자기 잠재력을 끌어 올리고, 한계에 도전하며 새로운 시도와 창의적인 해결책을 모색하는 사고방식을 가져야 한다. 이를 통해 우리는 자기 능력을 제한하는 사고방식에서 벗어나고, 성장과 발전을 이룰 수 있을 것이다.

생각하라, 그리고 성공한 사람처럼 행동하라

나는 평소 자기 계발하는 것을 좋아했다. 틈만 나면 유튜브로 자기 계발 관련 영상을 보고, 자기 계발 책을 즐겨 읽었다. 자기 계발을 하노라면 머리가 맑아지고 삶의 지혜가 머릿속에 쌓이는 느낌을 받았다. 회사에 다닐 때는 1년에 자격증 하나를 따겠다는 목표를 세우고 5개의 전공 관련 자격증을 땄다. 그러던 중 도서관에서 나폴레온 힐(Napoleon Hill)의 《생각하라, 그리고 부자가 되어라》라는 책을 감명 깊게 읽었다.

책의 저자인 나폴레온 힐은 성공 철학의 전문가다. 나폴레온 힐은 긍정적인 사고, 목표 지향적 사고, 인내와 근성, 그리고 자기 계발에 대한 중요성을 강조한다. 그는 인생의 성공과 행복을 이루기 위해 자기 자신을 개선하고 성장시키는 것이 중요하다는 것을 강조한다.

또한 나폴레온 힐은 성공한 사람들의 이야기와 사례를 조사하고 분석해서 그들의 성공 비결을 밝히는 데 주력했다. 그의 이야기는 독자들에게 영감과 동기부여를 주며, 자기 계발과 성공을 위한 실용적인 지침을 제공한다. 그의 접근 방식은 독자들에게 성공에 대한 관점을 제시하고, 개인적인 변화와 성장을 도모하는 데 도움을 줄 수 있다.

다음은 그의 저서 《생각하라, 그리고 부자가 되어라》에 나오는 내용이다.

첫째, 벌고자 하는 돈의 정확한 액수를 정하라. 돈을 많이 벌고 싶다고 말하는 것만으로는 불충분하다. 정확한 액수를 정하라.

둘째, 그 돈을 벌고자 정확히 어떤 노력과 희생을 할 것인지 정하라.

셋째, 원하는 액수의 돈을 벌고자 하는 데드라인을 정하라.

넷째, 당신의 열망을 실현할 확고한 계획을 세우고 당장 실행에 옮겨라. 준비가 됐든 아니든 상관없이 말이다.

다섯째, 얼마를 언제까지 벌고 싶은지에 대한 명확하고 간결한 선언문을 작성하고, 그 돈을 벌기 위해 어떤 희생을 각오했는지, 그리고 부를 이루기 위해 무엇을 할 것인지 명확하게 묘사하라.

여섯째, 하루 두 번, 아침에 일어나자마자, 그리고 잠자리에 들기 전에 이 선언문을 큰소리로 낭독하라. 선언문을 읽는 동안 스스로 그 돈을 이미 소유한 것처럼 믿고 느껴라.

단순히 돈을 '많이 벌고 싶다'라고 생각하는 것은 현실적으로 우리에게 많은 돈을 벌어 주지 않는다. 저자의 말처럼 정확한 액수를 정해야 한다. 돈을 많이 벌고 싶다는 것은 너무 추상적인 목표다. 시각화를 통해 명확한 액수를 설정하면 목표가 구체화되고 실현 가능성을 높일 수 있다. 예를 들어, '1년 이내에 1억 원 모으기'와 같이 구체적이고 측정할 수 있는 목표를 설정하는 것이 좋다.

정확한 액수를 설정하면 해당 목표를 달성하기 위한 계획을 수립할 수 있다. 매월 저축액을 메모해서 목표에 도달하기까지의 진행 상황을 확인할 수 있다. 목표에 도달하기 위해 필요한 노력과 희생을 인식하고, 성취감을 느낄 수 있을 것이다. 만약 목표에 도달하지 못한 경우에는 어느 부분에서 실패했는지 파악하고 개선 방안을 모색할 수 있다. 실패를 통해 배우게 됨으로써, 성공에 한 발짝 더 다가가는 경험을 하게 될 것이다.

그 돈을 벌고자 어떤 노력과 희생이 가능한지 정하는 것은 목표를 좀 더 빠르게 이루기 위한 과정이다. 목표를 달성하기 위해서는 실질적인 행동과 희생이 필요하다. 이를 위해 자신의 시간과 에너지를 효율적으로 관리하고, 필요한 기술과 지식을 습득하며, 자기 계발에 힘써야 한다.

노력과 희생은 개인의 상황에 따라 다를 수 있다. 예를 들어, 학업에 열중하거나 자기 계발 같은 노력을 통해 좋은 곳에 취직해서 좀 더 높은 벌이를 할 수도 있고, 일정 시간 동안 부가적인 일을 하거나 저축에 힘쓰는 등의 경제적인 활동을 할 수도 있다.

이러힌 노력과 희생은 목표에 도달하기 위한 동기부여와 효율적인 계획에 도움이 된다.

따라서, 어떤 노력과 희생이 가능한지를 명확히 정하고, 그에 따른 실행 계획을 수립해야 한다. 이는 목표를 달성하는 데 있어서 핵심적인 요소로 작용하며, 목표 달성을 더욱 효과적으로 끌어낼 수 있다.

데드라인을 설정하면 목표 달성에 대한 압박감이 생기고, 동시에 동기부여가 된다. 명확한 데드라인이 있다면 시간을 효율적으로 활용하고 목표에 집중할 수 있을 것이다. 데드라인을 설정함으로써 성공하고자 하는 목표에 대한 열정과 의지를 더욱 강화하는 역할을 하게 된다.

또한 데드라인 설정으로 인해 그에 따른 계획을 세우고 실행할 수 있다. 목표에 도달하기 위해 필요한 단계와 일정을 구체적으로 계획하고, 데드라인에 맞춰 일정을 관리하게 된다. 이는 목표를 향해 지속적인 진전을 이루고, 성공하기 위해 필요한 행동을 취할 수 있도록 도와준다.

마지막으로, 시간 관리와 우선순위 설정에 도움이 된다. 제한된 시간 내에 목표를 달성하기 위해서는 어떤 일에 집중해야 하는지를 판단하고, 우선순위를 정할 수 있다. 시간을 효율적으로 활용해서 중요한 작업에 집중함으로써 목표를 달성하는 데 도움이 된다. 이를 통해 목표를 더욱 효과적으로 추구하고 성공하기 위한 행동을 취할 수 있다.

당장 실행에 옮기는 것은 우리의 생각을 실천하는 것과 같다. 시간은 모두에게 한정된 자원이다. 우리는 현재의 순간에만 행동할 수 있다. 따라서 열망을 실현하고자 한다면, 당장 계획을 세우고 실행에 옮기는 것이 중요하다. 준비가 됐든 아니든 상관없이 시작하는 것이 미래의 불확실성을 극복할 수 있는 한 가지 방법일 테니 말이다.

실행에 옮기는 것은 자신의 열망을 실제 행동으로 옮기는 첫걸음이며, 이는 동기부여와 목표 달성을 위한 핵심적인 요소다. 실행에 옮기는 것은 경험과 성장의 기회를 제공한다. 실패와 성공을 경험하며 더 나은 방향을 찾고, 자신의 역량을 향상시킬 수 있다. 이 과정은 자신의 한계를 넘어서고 새로운 것을 배우며 성장할 기회를 제공할 수 있다.

실행을 통해 얻은 경험과 결과를 바탕으로 계획을 조정하고 개선할 수 있다. 이는 목표를 달성하기 위한 전략과 방향성을 더욱 정확하게 설정할 수 있도록 도와줄 것이다. 따라서 행동하는 것은 열망을 실현하기 위한 핵심적인 방법이 될 수 있다.

명확한 목표 설정은 행동과 계획을 구체화하는 데 도움을 주며, 부의 이룸에 필요한 방향성을 제시한다. 희생은 시간, 노력,

돈 등의 자원을 투자하는 것을 의미하며, 성공에 필수적이다. 명확한 희생의 의지를 표현하고 이를 실천에 옮기는 것은 목표 달성을 위한 동기부여를 해 준다.

무엇을 할 것인지 명확하게 묘사함으로써 그것은 자신의 의지와 행동에 대한 책임감을 높이고, 목표에 도달하기 위한 효과적인 전략을 수립할 수 있도록 도와준다. 이 같은 요소들은 목표 실현에 많은 도움이 될 수 있다.

선언문을 큰 소리로 낭독하는 것은 스스로 목표를 상기시키고, 자신에게 긍정적인 메시지를 전달함으로써 동기부여와 자기 신념을 높여 준다. 이 같은 행위는 목표를 달성하기 위한 의지와 자신감을 더욱 높일 수 있다.

큰 소리로 낭독하는 동안 우리는 목표에 집중하고, 자신의 의지와 열정을 더욱 강화할 수 있다. 이는 목표에 대한 고정관념을 형성하고, 어려움에 직면했을 때도 목표를 상기하며 힘을 얻을 수 있도록 도와준다.

나폴레온 힐의 성공 철학을 나의 것으로 만들어서 매일 반복해서 생각하고 행동해 보자. 이것은 당신의 내면에 강한 활기와 자신감을 불어넣을 수 있다. 그의 철학은 성공적인 사람들의 행동과 마인드셋을 담고 있으며, 이를 매일 반복함으로써 당신은 그들과 같은 성공을 경험할 수 있게 될 것이다. 지속적인 학습과 반복은 자기 능력과 자신감을 향상하는 데 중요한 역할을 한다.

이를 통해 당신은 자신에게 명확한 목표를 설정하고, 행동과 마인드셋을 조정해서 성공에 도달할 수 있는 도구를 갖게 된다. 이는 당신이 원하는 성공을 위한 동기부여와 성공의 디딤돌을 조금씩 쌓아 나가는 데도 도움을 줄 것이다.

성공은 노력과 행동의 결과다. 당신은 성공을 위한 자질과 습관을 갖추고, 자기 잠재력을 최대한 발휘할 수 있다. 자신의 성공을 믿고 끝까지 행동해서 지속적인 성장과 발전을 이루자.

무한한 부를 창조하는 잠재의식의 비밀

사람들은 누구나 부자를 꿈꾼다. 부자가 되면 경제적인 안정과 풍요로운 삶을 즐길 수 있기 때문이다. 재정적 자유는 필요한 것들을 얻고 더 나은 생활을 할 기회를 제공한다. 부자가 되는 것은 자신과 가족을 위한 안정적인 삶과 풍요로운 인생을 추구하는 이상적인 목표다.

그런데 왜 사람들은 부자를 꿈꾸면서 아무런 노력을 하지 않는 것일까? 일부 사람들은 부자에 대한 꿈을 갖고 있지만, 그것이 자신에게 편리한 방식으로 이루어질 것을 기대하고 있다. 즉, 노력과 희생 없이 부자가 될 수 있다고 생각하는 경우다.

또한 부자가 되는 것에 자신의 한계를 인식하거나 자기 능력을 믿지 못하는 경우가 있다. 이러한 인식은 부의 창조에 대한 자기 잠재력을 제한하고 노력을 게을리하게 된다. 자신의 한계를 인식하거나 자기 능력을 믿지 못하는 것은 어리석은 생각이다. 우리는 태어날 때부터 모든 것을 이룰 수 있는 잠재의식의 힘을 갖고 태어나기 때문이다.

마지막으로, 사회적인 영향이나 가족의 가치관, 교육 수준, 경제적 상황 등 외부 요인들이 부자를 꿈꾸는 당신의 태도와 노력에 영향을 준다. 환경적인 제약이나 사회적인 기대에 따라 부자가 되겠다는 목표에 대한 동기와 노력이 제한될 수 있다는 것이다. 이러한 이유는 일부 사람들이 부자를 꿈꾸면서도 아무런 노력을 하지 않는 현상을 설명할 수 있다.

전 세계에서 가장 많이 팔린 재테크 밀리언 셀러 《부자 아빠 가난한 아빠》의 저자 로버트 기요사키(Robert Kiyosaki)는 책을 통해 가난한 가정에서 자라면서도 성공할 수 있었던 이야기를 들려준다. 그는 교육은 많이 받았지만 가난했던 친아버지와, 정규 교육은 제대로 받지 못했으나 부자가 된 친구 아버지의 가르침을 동시에 받았다고 한다. 그는 결국 부자 아버지의 가르침 속에서 자신의 문제를 해결하는 방법을 찾았다.

이 책에서 가난한 아빠는 일반적인 사람들을 대표하는 역할을 한다. 가난한 아빠는 안정적인 직장에 종속되어 일하며, 높은 학교 성적과 안정적인 직장을 통해 안정성을 추구한다. 그러나 가난한 아빠는 돈에 대한 지식과 투자에 대한 이해가 부족하며, 자기 자산을 키우지 않고 소비에만 초점을 맞춘다.

반면, 부자 아빠는 돈에 대한 다른 사고방식을 가지고 있다. 부자 아빠는 돈을 효과적으로 활용해서 자산을 구축하고 투자해서 더 많은 돈을 버는 것을 목표로 한다. 부자 아빠는 돈을 일하게 해 주는 자산으로 생각한다. 이 자산은 부동산, 주식 등 다양한 형태일 수 있다. 부자 아빠는 돈이 돈을 만들어 내는 방법을 이해하고, 돈을 투자해서 자산을 키우는 데 집중한다.

이 책은 가난한 아빠와 부자 아빠의 사고방식과 태도, 재무 상식에 대한 차이를 비교하고 분석한다. 또한 독자들에게 돈을 효과적으로 관리하고 투자하는 방법을 가르쳐 준다. 이를 통해 독자들은 자신의 재무 상황을 반성하고 개선할 수 있는 계기를 얻을 수 있다. 이처럼 부자와 빈자가 되는 것은 본인의 사고방식에 따라 달라질 수 있다. 잠재의식은 당신의 사고방식을 통해 각인되는 힘이기 때문에 부자의 사고방식을 배울 필요가 있다.

"끌어당김의 법칙을 바라보는 가장 쉬운 관점은, 나 자신을 자석이라고 가정하는 것이다. 자석은 물체를 자신에게 끌어당긴다."

전 세계를 열광시킨 책 《시크릿》의 주인공이자 핵심 저자로 잘 알려진 존 아사라프(John Assaraf)의 말이다. 존 아사라프는 세계를 열광시킨 끌어당김의 법칙을 성공 원칙에 접목한 창시자다. 그는 '비전 보드'라는 도구를 통해 자신의 목표를 시각화해서 잠재의식을 활용하고, 이를 통해 그의 목표를 달성하는 데 성공했다.

비전 보드는 자신이 이루고 싶은 목표나 꿈을 사진이나 글귀 등으로 표현한 보드다. 아사라프는 자신이 원하는 집의 사진을 이 비전 보드에 붙여놓고, 매일 그 이미지를 보며 그 집에 살고 있는 자신을 상상했다. 그는 이렇게 상상하는 과정에서 실제로 자신이 그 집에 살고 있는 것처럼 느낄 수 있을 정도로 계속해서 상상했다.

이러한 시각화 과정은 그의 잠재의식에 그 목표를 강력하게 심어 주었고, 이는 결국 그의 실제 행동을 변화시키는 데 영향을 미쳤다. 그는 이렇게 시각화를 통해 자신의 목표를 달성하는 데 성공했다.

이처럼 시각화는 잠재의식을 이용하는 강력한 도구다. 그러나 이것만으로 성공을 보장하는 것은 아니며, 이를 통해 목표를 명확히 인식하고, 그에 맞는 행동을 취하는 것이 중요하다.

《시크릿》이 유명한 책이 된 것처럼 이 방법도 많은 사람들이 자신의 목표를 달성하기 위해 사용하는 널리 알려진 전략 중 하나다. 다만, 이 방법이 성공을 보장하는 것은 아니다. 이는 단지 도구일 뿐, 실제 성공은 개인의 노력, 의지, 상황 등 여러 요소에 달려 있기 때문이다.

시각화 방법을 사용하려면, 먼저 자신이 원하는 목표를 명확히 설정해야 한다. 그리고 그 목표를 구체적이고 선명하게 시각화하려면 사진, 그림, 글귀 등을 추가해서 비전 보드를 만들 수 있다. 매일 자신이 원하는 목표를 담은 비전 보드를 보면서 그 목표를 이미 달성한 것처럼 생생하게 상상해야 한다.

그러나 이 과정에서 중요한 것은, 단순히 상상만 하는 것이 아니라 그에 따른 행동 변화를 불러와야 한다는 것이다. 즉, 자신의 목표를 달성하기 위한 구체적인 계획을 세우고, 그 계획을 실행해야 한다. 이렇게 시각화와 행동이 결합하면, 그 효과를 더욱 높일 수 있다.

이처럼 잠재의식을 활용하는 방법은 무궁무진하다. 그렇다면 무한한 부를 창조하는 잠재의식의 비밀은 무엇일까?

잠재의식은 우리의 신념과 태도에 큰 영향을 미친다. 긍정적인 신념과 태도를 갖는 것은 부를 창조하는 데 도움이 된다. 자기 능력과 가능성을 믿고, 풍요와 성공을 받아들일 준비가 된 태도를 가지는 것이 중요하다. 또한 잠재의식은 마음의 집중을 통해 우리의 목표를 이루는 데 도움을 줄 수 있다. 명확하고 구체적인 목표를 설정하고, 그에 집중하는 것은 부를 창조하는 데 중요한 역할을 한다.

상상력과 시각화 역시 잠재의식을 강화하는 방법 중 하나다. 우리는 잠재의식을 통해 목표를 강화할 수 있다. 잠재의식은 성공과 풍요로운 상황을 생생하게 상상하고, 그 상황을 자세히 시각화함으로써 부를 창조하는 데 도움을 줄 수 있다. 또한 잠재의식은 지속적인 자기 성장과 계발에 도움을 준다. 새로운 지식과 기술을 습득하고, 자기 잠재력을 최대한 발휘함으로써 부를 창조하는 데 일조한다.

마지막으로, 잠재의식은 긍정적인 에너지와 감사의 태도를 통해 부를 창조하는 데 도움을 줄 수 있다. 주변 환경과 상황에 대해 감사하고, 긍정적인 에너지를 유지하는 것은 부를 유치하는 데 도움이 된다.

잠재의식의 힘은 개인마다 조금씩 다르다. 그래서 심리학과 철학에서도 다양한 이론과 접근법이 있는 것이다. 앞서 설명한 요소들을 실제로 적용해 보면서 자신만의 방법을 찾아가는 것이 부를 창조하는 비결을 발견하는 첫걸음이다.

부를 얻는 것은 많은 사람들이 공통으로 갖는 목표다. 하지만

이 목표를 이루기 위해서는 단순히 꿈꾸는 것만으로는 부족하다. 우리는 잠재의식을 효과적으로 활용해서 목표를 이루는 방법을 배워야 한다.

부를 창조하는 것은 끊임없는 학습과 성장, 그리고 끈기가 필요하다. 우리는 돈에 대한 지식을 배우고, 투자 방법을 이해하며, 자산을 관리하는 방법을 습득해야 한다. 또한 긍정적인 에너지를 유지하고, 주변 환경에 감사하는 태도를 가지는 것이 중요하다.

결국, 무한한 부를 창조하는 잠재의식의 비밀은 이미 내면 속에 정답이 있다. 목표를 명확히 설정하고, 그 목표를 달성하기 위해 필요한 행동을 취하는 것, 그리고 그것이 이미 이루어졌다고 시각화하는 것. 이것이 바로 잠재의식을 활용해서 부를 창조하는 가장 효과적이고 실질적인 방법이다.

4장

매일 운이
좋아지는
마법의 공식

매 순간 환하게 웃어라

사람들은 보통 인생을 살아가면서 웃는 일보다 화내는 일이 더 많은 것 같다. 나는 가끔 지하철을 이용하는데 지하철 객실 안의 분위기는 너무나도 차갑다. 웃고 있는 사람들은 적은 반면에, 무표정이거나 잔뜩 인상을 쓰고 있는 사람은 심심치 않게 볼 수 있다.

우리는 왜 웃음을 잃어 가고 있을까? 아마도 현대 사회의 경쟁적인 분위기, 높은 스트레스 수준, 빠른 생활 속도 등이 웃음을 잃게 만드는 원인일 수 있다. 웃음이 부족한 현대 사회에서 오히려 웃음의 가치는 더욱 소중해진다. 웃음은 스트레스를 줄여 주고, 행복감을 증가시키며, 사회적 유대감을 강화하는 힘이 있기 때문이다.

무표정이거나 인상을 쓴 얼굴들 속에서, 웃음은 마치 사막에 피어난 꽃과 같다. 웃음은 우리의 삶을 밝게 만들고, 사람들과의 관계를 더욱 풍요롭게 만들어 준다. 그래서 어려운 상황에서도 웃음을 잃지 않는 것이 중요하다. 그것이 바로 삶의 질을 높이고, 건강을 유지하는 방법이다. 웃음을 유지하며 삶을 즐기는 것, 이것이 우리의 목표가 되어야 한다.

나는 어렸을 적 읽었던 책의 내용에서 긍정의 중요성을 다시 생각하게 됐다. 책의 내용을 간단히 풀어 본다. 평화로운 한 마을에 심술궂게 생긴 불량배가 있었다. 그는 마을 사람들을 괴롭히고 돈을 빼앗는 등 나쁜 짓을 하고 다녔다. 그러던 어느 날 평소처럼 마을 사람들을 괴롭히던 중, 불량배의 눈에 한 여인이 보였다. 그 여인에게 첫눈에 반한 불량배는 "나와 결혼해 주면 마을 사람들 그만 괴롭힐게"라고 말했지만, 그녀는 "당신은 너무 무섭게 생겼어요. 나는 당신이 너무 무서워요"라며 거절했다.

그 말을 듣고 자존심이 상한 불량배는 집으로 돌아가 무표정으로 거울을 봤다. 거울에 비친 모습은 자신이 봐도 너무 심술궂고 무서운 표정을 하고 있었다. 그 여인을 너무 원했던 그는 밝게 웃고 있는 가면을 쓰고 변화된 삶을 살기로 결심했다.

다음 날, 가면을 쓰고 나타난 불량배는 다른 사람처럼 행동하며 그녀에게 친절을 베풀었다. 그의 친절한 행동에 그녀는 마음을 열었고, 그가 전날 왔던 불량배라는 생각은 꿈에도 하지 못한채 결혼하게 됐다.

오랜 시간이 흘러 불량배의 동료가 마을에 찾아왔다. 동료는 불량배의 행복해 보이는 모습을 보고 화가 났다. 그래서 불량배에게 다가가 가면을 벗기면서 "이봐! 친구, 너는 원래 나쁜 사람인데 왜 착한 척을 하면서 살고 있는 거야? 너에게 이 가면은 어울리지 않아"라고 말했다.

그런데 벗겨진 가면 속에서 옛날의 심술궂고 무서운 표정을 하고 있었던 그의 얼굴은 너무나도 평화롭고 밝은 표정으로 바뀌어 있었다. 그 모습을 본 동료는 믿을 수 없다는 표정으로 마을을 떠났다. 그리고 불량배는 더 이상 불량배가 아닌 행복한 가정의 가장으로 살아가게 됐다.

불량배는 긍정적인 변화를 위해 노력했고, 그 노력이 결국 자신을 변화시켜 더 나은 사람으로 만들었다. 이 이야기는 우리에게 긍정의 힘이 얼마나 대단한지 보여 준다. 우리가 매사에 긍정적이고 그것을 위해 노력한다면, 언제든지 전보다 더 나은 사람이 될 수 있다는 메시지를 전달한다.

또한 어떤 상황에서도 희망을 가져야 하며, 긍정적인 변화를 위해 노력해야 한다는 교훈을 준다. 이 사례는 우리 모두에게 적용될 수 있다. 이것이 바로 자기 개발의 시작이며, 긍정의 힘은 모두에게 행운으로 돌아올 것이다.

20대 초반 때, 내가 살던 동해시에서는 방학을 맞이한 대학생들을 위해 아르바이트를 제공했다. 나도 그 아르바이트에 지원해

시에서 운영하는 계곡의 주차 아르바이트를 하게 됐다.

나는 어렸을 적부터 부모님에게 첫인상의 중요성에 대해 많은 이야기를 들었다. 부모님의 영향으로 나는 아르바이트를 하는 내내 밝은 미소로 관광객들을 대하기 위해 노력했다. 그랬더니 나를 스쳐 갔던 관광객들이 나에게 먹을 것을 나눠 주기도 하고, 고생한다고 격려도 해 주었다. 이러한 격려 덕분에 나는 2달간의 짧았던 아르바이트를 즐겁게 마칠 수 있었다.

아르바이트를 마치고 5년 후, 동네 거리에서 아르바이트 당시 나를 관리했던 담당자를 우연히 만났다. 그는 당시를 회상하며 항상 미소 짓고 있던 과거의 나를 칭찬하면서 다시 보게 되어 반갑다고 맛있는 것 사 먹으라며 내 손에 용돈까지 쥐어 주었다. 그의 격려에 나는 기분이 좋아졌고, 항상 긍정적으로 살아야겠다고 다짐했다.

"웃으면 복이 온다"라는 말을 들어본 적 있을 것이다. 정말 웃으면 복이 들어올까? 웃음은 우리의 신체적, 정서적 건강에 긍정적인 영향을 미치는 행동이다. 웃음은 스트레스 호르몬인 코티솔의 수준을 낮추고, 이에 따라 스트레스가 감소한다. 이렇게 스트레스를 줄이면, 우리의 면역 체계가 강화되어 건강한 삶을 살 수 있다.

또한 웃음은 긍정적인 감정을 증가시키는 데 도움이 된다. 웃을 때 뇌에서는 엔도르핀이라는 '행복 호르몬'이 분비되며, 이는 우리를 행복하게 만든다. 따라서 웃음은 우리의 일상생활에서 행복을 늘려 주게 된다.

그리고 웃음은 사람들 사이의 유대감을 강화하는 통신 수단이다. 웃음을 통해 다른 사람들과 긍정적인 관계를 형성하고, 이는 우리의 사회적 삶을 풍요롭게 만들어 준다. 마지막으로, 웃음은 심장 건강에 이롭다. 웃음은 심장 박동을 증가시켜 심장에 좋은 운동을 제공하고, 혈압을 낮출 수 있다.

이처럼 웃음은 신체적, 정서적, 사회적 건강에 긍정적인 영향을 미친다. 따라서 웃음은 우리 삶의 중요한 부분이며, 웃음을 통해 우리는 더 행복하고 건강한 삶을 살 수 있다.

하지만, 때로는 웃는 것이 어려울 수 있다. 그래서 우리는 웃는 연습을 해야 한다. 다음과 같은 방법들을 제시한다.

1. **웃음 요가** : 웃음 요가는 웃음을 유도하는 연습으로, 스트레스 해소와 긍정적인 기분을 느끼는 데 도움이 된다. 강제로 웃는 것부터 시작하면, 시간이 지니면서 지연스럽게 웃을 수 있다.
2. **웃음 유발 콘텐츠 시청** : 여러 가지 웃음을 유발하는 코미디 영화, TV 프로그램, 웹툰, 동영상 등을 보는 것이다. 때로는 웃음을 유발하는 콘텐츠가 기분 전환에 도움이 된다.

3. **긍정적인 사람들과 시간 보내기** : 긍정적인 에너지를 가진 사람들과 함께 시간을 보내라. 그들의 긍정적인 에너지가 전염되어 어느새 당신의 입가에는 미소가 띠어질 것이다.

4. **명상** : 명상은 마음을 집중하고 긍정적인 에너지를 찾는 데 도움이 된다. 이는 웃음과 좋은 감정을 느끼는 데 도움이 될 수 있다.

5. **취미 찾기** : 자신이 좋아하고 행복을 느끼는 활동을 찾아보는 것이다. 취미 활동은 긍정적인 감정을 느끼게 해 주며, 웃음을 유발할 수 있다.

6. **상담이나 치료** : 이와 같은 방법들로도 웃는 것이 어렵다면, 전문가에게 도움을 청하는 것도 고려해 보는 것이 좋다. 전문가는 감정을 관리하는 방법을 알려 줄 수 있다.

웃음은 강제적인 것이 아니라 자연스러운 반응이어야 한다는 것을 기억해야 한다.

또한 웃음은 삶을 더욱 풍요롭게 만드는 중요한 요소인 동시에 삶을 밝게 빛내주는 햇살 같은 존재다. 어떠한 어려움 속에서도 우리에게 힘과 용기를 준다. 슬픔이나 고통 속에서도 웃음은 마음을 밝게 해 주며, 희망을 줄 수 있다. 그리고 이러한 웃음은 우리를 더욱 강인하게 만들어 줄 것이다.

더불어 웃음은 서로에게 긍정적인 에너지를 전달하는 수단이다. 웃음을 통해 사랑과 존중, 우정과 연대를 표현할 수 있다. 이는 공동체의 화합을 돕고, 사람들 사이의 관계를 더욱 깊고 풍요롭게 만들어 준다.

그렇게 해서 웃음은 행운을 끌어당길 뿐만 아니라, 그 행운을 주변 사람들과 나눌 수 있게 만든다. 웃음이라는 행동 하나로 인해 주변 환경이 긍정적으로 변화하고, 그 변화는 우리에게 좋은 영향을 줄 것이다.

매일 아침 행복한 상상으로 하루를 시작하라

나는 새벽의 공기가 너무 좋다. 적당히 시원하고 온 세상이 조용하며, 코끝을 자극하는 새벽만의 냄새가 있기 때문이다. 새벽의 공기는 마치 청정한 자연에서만 느낄 수 있는 신선함이 느껴진다.

그리고 그때, 나는 마치 세상이 나를 위해 잠시 멈춘 것 같은 착각에 빠진다. 그 순간, 나 자신을 더 깊게 느낄 수 있고, 나의 존재를 더욱 확실하게 인식하게 된다. 새벽의 공기가 나에게 주는 평온함과 행복감 때문에 나는 새벽을 좋아한다.

당신은 '미라클 모닝'을 알고 있는가? 미라클 모닝은 2016년 미국의 작가 할 엘로드(Hal Elrod)가 쓴 자기 계발서에서 처음 등장한 개념이다. 이 개념은 이른 아침에 일어나 일과 시작 전에 독서, 운동 등 자기 계발을 하는 것을 뜻한다. 미라클 모닝에 관한 책도 많이 나왔을 만큼 그것을 실천하는 사람 또한 많다.

그렇다면 미라클 모닝은 어떻게 해야 효과가 있을까? 내가 실천하고 있는 방법을 알려 주겠다. 먼저, 아침에 일어나자마자 몇 분간은 조용히 시간을 보내며 마음을 정리한다. 이 시간에는 명상하거나, 감사하는 마음을 갖는 등의 활동을 하는 것이 좋다. 그 후에는 이루고 싶은 목표나 바람을 크게 선언해서 마음가짐을 확고히 하고, 내면의 긍정적인 에너지를 얻는다.

이어서 이루고 싶은 목표를 이미 이룬 것처럼 상상하며 시각화하는 시간을 갖는다. 시각화가 끝나면, 간단한 스트레칭이나 가벼운 운동으로 몸을 깨우고 몸속에 활기를 불어넣는다. 그런 다음, 개인적 성장을 위해 독서를 한다. 독서는 자신이 원하는 분야의 지식을 얻을 수 있는 좋은 도구이기 때문이다.

마지막으로, 생각이나 느낀 점, 그날의 목표 등을 일기에 적는다. 이를 통해 마음과 생각을 정리하고 목표를 명확히 하게 된다. 이러한 방식으로 아침 시간을 활용하면 미라클 모닝을 잘 실천하고 있는 것이다. 이 방법을 각자의 생활 패턴과 목표에 따라 유연하게 적용하면 좋다.

　또한 이 방법을 21일 동안 반복해 보자. 21일은 생각이 대뇌피질과 대뇌변연계를 거쳐 습관을 관장하는 뇌간까지 가는 데 걸리는 최소한의 시간이기 때문이다. 21일이 지나면 습관이 되는 놀라운 경험을 할 것이다.

　하지만 잘못된 미라클 모닝은 우리에게 역효과를 줄 수 있다. 잘못된 미라클 모닝에는 여러 가지가 있는데, 그중에 몇 가지를 소개한다.

1. **충분한 수면을 포기하는 경우** : 미라클 모닝을 실천하기 위해 필요한 충분한 수면 시간을 포기하는 것은 잘못된 방법이다. 건강한 생활을 위해서는 충분한 수면이 꼭 필요하다.
2. **강박적인 태도** : 미라클 모닝을 위해 매일 아침 일찍 일어나야 한다는 강박감을 가지고 있다면 오히려 스트레스를 유발할 수 있다. 미라클 모닝은 자신을 위한 시간이므로, 편안하게 접근하는 것이 중요하다.
3. **무계획적인 시간 보내기** : 아침에 일찍 일이났지만, 그 시간을 계획 없이 보내는 것은 비효율적이다. 미라클 모닝을 통해 얻고자 하는 목표나 계획을 세우고 그에 따라 행동하는 것이 중요하다.
4. **과도한 운동** : 아침 일찍 일어나 바로 과도한 운동을 하는

것은 몸에 부담을 주고, 오히려 건강을 해칠 수 있다. 적당한 강도의 운동을 선택하거나, 몸이 피곤하다면 충분한 휴식을 취하는 것이 더욱 중요하다.

우리가 미라클 모닝을 하는 이유는 삶을 좀 더 행복하고, 건강하게 보내기 위해서인데, 잘못된 미라클 모닝으로 몸의 리듬이 깨지거나, 망가져 버린다면 무슨 소용이겠는가. 그렇기 때문에 미라클 모닝은 자신의 건강과 행복을 위해 적절한 방법을 선택하는 것이 중요하다.

물론, 모든 사람이 똑같은 미라클 모닝 루틴을 따라 할 필요는 없다. 우리는 서로 다른 개성을 갖고 있기 때문이다. 중요한 것은 아침 시간을 자신만의 방식으로 활용해서 하루를 긍정적으로 시작하는 것이다. 아침에 일찍 일어나서 조용히 책 읽는 것을 좋아한다면, 그것이 바로 당신만의 미라클 모닝이다. 또는 아침에 일찍 일어나서 가볍게 운동하고 싶다면, 그것도 미라클 모닝이 될 수 있다.

미라클 모닝은 단지 아침에 일찍 일어나는 것만을 의미하는 것이 아니다. 그것은 하루를 시작하는 방식을 변화시키고, 그 과정에서 자신을 개선하고, 삶의 질을 향상하는 시간이다. 그러니 아침에 일찍 일어나는 것이 힘들다면, 늦게 일어나서도 미라클 모닝을 실천할 수 있다. 중요한 것은 자신만의 페이스를 찾고, 그에 따라 자신만의 미라클 모닝을 만드는 것이다.

미라클 모닝을 실천하면서 얻을 수 있는 이점들은 매우 다양하다. 미라클 모닝을 통해 아침에 일찍 일어나는 습관을 기르면, 하루를 더욱 효율적으로 사용할 수 있다. 그리고 아침 시간을 통해 자기 몸과 마음을 돌보면서, 건강하고 행복한 삶을 살아갈 수 있게 된다. 또한 미라클 모닝을 통해 자신의 목표를 설정하고, 그것을 향해 나아갈 힘을 얻을 수 있다.

이러한 이유로 당장 내일부터 미라클 모닝을 시작해 보는 것을 추천한다. 처음에는 어려울 수 있겠지만, 조금씩 시도해 보며 자신만의 루틴을 찾아가는 과정에서 그 노력이 결국은 큰 변화와 성장으로 이어질 것이다. 그리고 그 과정에서 당신은 자신의 삶을 더욱 사랑하게 될 것이다.

매일 아침 행복한 상상으로 하루를 시작하면 어떻게 될까? 우리의 마음과 몸에 긍정적인 변화가 일어날 수 있다. 행복한 상상은 감정 상태를 긍정적으로 만들어 준다. 긍정적인 감정은 생각과 행동에도 영향을 미친다. 이에 따라 우리는 하루를 좀 더 긍정적으로 시작할 수 있고, 일상생활에서의 문제들에 대해 더욱 효과적으로 대처할 수 있게 된다.

또한 행복한 상상은 우리 뇌에 긍정적인 영향을 준다. 이는 우리의 뇌가 그 상상을 실제로 경험하는 것처럼 반응하기 때문이다. 이에 따라 긍정적인 감정을 증가시키는 세로토닌과 같은 뇌 화학물질의 분비가 증가해서 건강에도 긍정적인 영향을 미친다.

하지만 이렇게 행복한 상상만으로 모든 것이 해결되지는 않는다. 실제로 문제를 해결하거나 개선하기 위해서는 구체적인 행동과 노력이 필요하다. 행복한 상상은 우리에게 긍정적인 에너지를 제공하고, 문제를 해결하는 방향을 제시해 줄 수 있지만, 그것을 실현하는 것은 우리 자신의 행동이다.

그러므로, 매일 아침 행복한 상상을 하는 것은 우리의 건강과 행복에 도움이 될 수 있지만, 그것만으로 마법 같이 모든 것이 해결되는 것은 아님을 기억해야 한다. 상상력은 우리에게 긍정적인 에너지를 주는 도구일 뿐, 우리 자신이 그 에너지를 잘 활용해야 한다.

행복한 상상으로 하루를 시작하는 것은 행운을 불러오는 데도 큰 역할을 한다. 긍정적인 마음가짐은 뇌를 활성화해서 우리가 삶에서 행운을 더 잘 발견하고, 그 행운을 더욱 잘 활용할 수 있게 만든다.

행운은 우리의 인식과 태도에 크게 의존한다. 긍정적인 상상을 통해 행복한 감정을 느낄 때, 행운을 더 잘 인식하고, 그것을 더욱 잘 활용할 수 있다. 이렇게 되면, 우리는 잠재의식을 이용해 행운을 스스로 만들어 낼 수 있게 된다.

하지만 이것 역시 마법처럼 즉시 일어나는 것이 아니다. 꾸준히 행복한 상상을 하고, 그에 따라 긍정적인 행동을 취하는 것이 중요하다. 그러면 점차 삶에 행운이 가득 차게 될 것이다. 그리고 그 행운은 삶을 더욱 풍요롭고 행복하게 만들어 줄 것이다.

"매일 어떻게 일어나고 어떻게 아침을 보내는지가 성공의 등급에 엄청난 영향을 미친다."

– 할 엘로드(Hal Elrod)

긍정 생각이 행운을 부른다

앞에서 인간은 본능에 의해 긍정보다는 부정적인 성향이 강하다고 이야기한 바 있다. 부정적인 성향은 우리의 삶을 보다 어렵게 만들고, 스트레스를 증가시키며, 행복을 방해하는 요인이 될 수 있다. 따라서 우리는 이러한 부정적인 성향을 극복하고, 긍정적인 마음가짐으로 변화시켜 나가는 것이 행복한 인생을 살아가는 데 중요하다.

11월에 차를 타고 이동하면서 라디오 방송을 들은 적 있다. 라디오 방송에서는 라디오 DJ와 라디오에 초대된 손님이 무언가를 이야기하고 있었다. 한참을 이야기하던 DJ는 물었다.

"이제 올해도 두 달밖에 남지 않았네요. 선생님은 올해 어떤 것을 이루셨죠?"

그러자 그는 말했다.

"저는 올해가 두 달밖에 남았다고 생각하지 않습니다. 두 달이나 남았는걸요? 두 달은 무언가를 하기에 충분한 시간입니다."

어떤 사람은 두 달이라는 시간이 짧다고 생각할 수 있다. 하지만 또 다른 사람은 그 시간을 통해 새로운 것을 배우거나, 목표를 향해 한 걸음 더 나아가는 데 충분하다고 생각한다. 이는 우리가 그것을 어떻게 인식하고, 어떻게 행동하는지에 따라 달라질 수 있다. 이처럼 우리의 시각과 태도는 우리가 인식하는 세상을 결정짓는다. 이것이 우리가 부정적인 생각보다 긍정적인 생각을 많이 해야 하는 이유다.

내가 어렸을 때 우리 집에는 한 가지 이벤트가 있었다. 그것은 바로 매주 토요일에 부모님과 같이 잠을 자는 것이었다. 이 이벤트 덕에 어린 나는 일주일 중 토요일이 가장 좋았다. 그래서 토요일은 아침부터 기분이 무척 좋았다. 그날은 아침부터 저녁까지 하루 종일 웃고 다녔기에, 동네에서 예쁨을 많이 받았다. 토요일에 마주치는 사람마다 나에게 기분 좋은 이유를 묻곤 했다. 그때의 나는 참 순수했던 것 같다. 옛 기억을 회상해 보니 긍정 생각은 우리의 삶을 윤택하게 해 주는 것 같다.

인천 영흥도에서 근무했을 때의 일이다. 우리 회사는 1년에 한 번 안전 기원제를 지내기 위해 등산을 했다. 행사 일주일 전, 인사팀의 P대리는 나에게 사내 메신저로 안전 기원제에 쓸 물품을 담기 위한 가방을 3개 준비해 달라는 요청을 해 왔다. 내가 서류 업무를 보고 있던 터라 인사팀의 P대리가 나에게 부탁을 한 것이다.

나는 인사팀의 요청대로 직원들에게 양해를 구하고 가방 3개를 가지고 안전 기원제에 참석했다. 목적지에 도착하자 P대리는 가방에 물품을 담고, 가방을 혼자서 들고 가기 어려우니 직원들에게 하나씩 나눠 주며, 가방을 메고 정상까지 올라가 달라고 부탁했다.

무사히 정상에 도착해서 기원제를 지내고 내려왔는데 문제가 발생했다. 내가 갖고 왔던 가방 3개 중 하나가 없어진 것이다. 나는 가방이 없어졌다는 말이 이해되지 않았다. 가지고 올라간 직원이 다시 가지고 내려오면 되는 것을. 그 직원은 자기 물품이 아니라서 별로 신경 쓰지 않은 듯했다.

부랴부랴 이미 하산한 직원들에게 가방의 행방을 물으며 찾기 시작했지만, 가방은 아무에게도 없었다. 기원제를 전담으로 기획한 P대리는 바빠 보여 그의 탓을 할 수도 없는 노릇이었다. P대리가 가방을 나눠줄 때, 그 가방을 누구에게 주었는지 파악이 되지 않아 가방의 행방은 아무도 몰랐다.

결국 가방을 찾지 못하고, 회사에 복귀했다. 회사에 복귀해서 P대리에게 가방의 행방을 물었지만, 그는 그 가방을 들고 올라갔다가 놔두고 온 직원만 탓할 뿐, 자기 잘못은 없다는 것이었다. 그의 뻔뻔한 태도에 화가 났지만 여기서 화내 봤자 가방이 찾아지는 것도 아니니 그냥 나의 자리로 돌아와 밀린 업무를 봤다.

나는 가방을 빌려준 직원에게 미안한 마음이 들기 시작했다. 가방을 꼭 다시 찾아 주고 싶었다. 그래서 나는 '가방을 못 찾으면 어떡하지?'라는 생각보다 '꼭 가방을 찾을 수 있을 거야'라는 긍정적인 생각을 하기 시작했다.

나의 바람이 통한 것일까? 가방의 주인인 직원에게 모르는 번호로 연락이 왔다. 우리가 갔던 국립공원 사무소에서 가방을 보관하고 있으니 찾아가라는 것이었다. 그 소식을 듣고 정말 다행이라고 생각했다. 이처럼 긍정적인 생각을 하면 행운이 찾아온다. 만약 가방이 없어졌다고 부정적인 생각만 했다면 가방을 영영 찾지 못했을지도 모른다.

긍정적인 사람들은 주로 가능성을 찾아내고, 어려움을 극복하는 데 필요한 자원을 더 잘 찾아내는 경향이 있다. 그들은 문제를 해결하는 데 필요한 창의적인 해결책을 더 잘 발견하고, 더 많은 기회를 잡아내는 데 성공한다. 이는 '행운을 부르는 것'으로 해석될 수 있다.

또한 긍정적인 생각은 우리의 행동과 태도에 큰 영향을 미친다. 긍정적인 사람들은 주로 도전적인 상황에 대해 더 적극적으로 대응하며, 이런 적극적인 행동이 새로운 기회를 만들어 낼 수 있다.

그러나 이것이 모든 사람에게 항상 '행운'을 가져다주는 것은 아니다. 중요한 것은 긍정적인 생각만으로 모든 것이 해결되는 것이 아니라, 그런 생각이 우리의 행동과 결정을 끌어내는 것이라는 점이다. 긍정적인 생각과 함께 실천적인 행동이 동반되어야만 진정한 '행운'을 만들어 낼 수 있다.

"대부분의 사람은 마음먹은 만큼 행복하다."

미국의 16대 대통령 에이브러햄 링컨(Abraham Lincoln)의 말이다. 행복은 그 사람의 마음먹기에 비례한다. 우리가 마음을 크게 먹으면 큰 행복을 느낄 수 있다는 뜻이다. 에이브러햄 링컨은 노예 제도 폐지와 미국 남북 전쟁을 이끌며 역사적인 인물로 기억된다. 그러나 그의 삶이 성공적인 것만은 아니었다. 그의 삶은 특히 많은 실패와 어려움으로 가득했다.

링컨은 어릴 때부터 가난과 고난 속에서 자랐다. 9세 때 어머니를 잃고, 그를 키워준 이모 역시 그가 10대 때 병으로 세상을 떠났다. 이러한 가정환경에서 그는 교육을 제대로 받지 못했지만, 책을 통해 자기 계발에 힘썼다. 그가 처음으로 정치에 출마했을 때 실패했지만, 그 실패로부터 배우고 성장하는 데 집중했다.

그의 정치 경력도 쉽지 않았다. 그는 1832년에 일리노이주 의회에 출마했지만 실패했다. 또한 1856년에는 부통령 후보로, 1858년에는 미국 상원의원으로 출마했지만, 두 차례 모두 패배했다. 그러나 링컨은 이러한 실패에도 불구하고 포기하지 않았다.

그가 "나의 최고 친구는 나를 가장 많이 도전시키는 사람이다"라고 말했던 것처럼, 실패를 통해 배우고 성장하는 것을 두려워하지 않았다. 그의 이러한 긍정적인 사고방식과 노력은 그를 1860년에 미국 대통령으로 선출되게 한 결정적인 힘이 됐다.

대통령으로서 그는 남북 전쟁을 이끌고, 불평등한 노예 제도를 폐지해서 미국의 역사를 크게 바꾸었다. 이러한 업적은 그의 끈기와 긍정적인 사고방식, 그리고 실패를 두려워하지 않는 자세에서 비롯된 것이다.

이처럼 그의 삶은 수많은 실패와 어려움이 있었다. 그럴 때마다 그는 항상 긍정적인 사고방식을 유지하며, 그를 성공으로 이끈 '행운'을 만들어 냈다. 링컨의 사례는 우리에게 긍정적인 사고와 끈기, 그리고 노력이 어떻게 '행운'을 만들어 낼 수 있는지를 명확히 보여 준다.

우리는 우리의 사고방식이 삶을 결정짓는다는 사실을 알아야 한다. 부정적인 생각을 많이 하면, 우리의 삶은 그에 따라 부정적인 방향으로 흘러갈 가능성이 높다. 하지만 긍정적인 생각을 많이 하면, 우리의 삶은 그에 따라 긍정적인 방향으로 흘러갈 것이다. 따라서 우리는 부정적인 생각보다 긍정적인 생각을 많이 가져야 한다. 그리고 그런 긍정적인 생각이 행동과 결정에 영향을 미치도록 해야 한다.

긍정적인 생각은 마음과 정신 상태를 좋게 만든다. 긍정 생각을 많이 하면 행복하고, 건강하며, 생기 넘치는 에너지를 갖게 된다. 또한 더 적극적이고, 더 열정적으로 행동하게 된다. 그러면 더 많은 기회를 잡아낼 수 있고, 그런 기회를 통해 목표를 달성할 수 있다. 이것이 바로 긍정 생각이 행운을 부르는 원리다.

평소 감사하는 마음이 행운을 부른다

당신은 평소에 사소한 것들에 대해 감사해 본 적 있는가? 아마 대부분이 아니라고 답할지도 모르겠다. 나도 처음에는 그랬다. 하지만 감사하는 마음을 갖고 살기 시작하니 좋은 일들이 생기기 시작했다. 감사하는 마음을 품으면 삶이 어떻게 변할 수 있는지 알아보자.

감사하는 마음은 우리가 주변의 세상과 사람들을 더욱 긍정적으로 바라보게 하며, 이는 좋은 기회와 행운을 끌어들이는 힘이 된다. 또한 감사의 마음을 가진 사람은 자신이 가진 것에 만족하며, 삶의 소소한 것들에도 행복을 느낄 수 있다. 이런 긍정적인 태도는 스트레스를 줄이고 건강에도 이로움을 준다.

하지만 모든 행운이 감사의 마음에서만 비롯되는 것은 아니다. 때로는 노력이나 기회 등 다른 요소들이 복합적으로 작용하여 행운을 만들어 낼 수 있다. 그러므로 감사의 마음을 갖는 것도 중요하지만, 다른 요소들도 동시에 고려하는 균형 잡힌 태도를 갖는 것이 더 중요하다. 그러면 더 큰 행운을 경험하게 될 것이다.

평소에도 모든 것에 감사하는 마음을 갖고 살아가다 보면 여러 가지 행운을 만날 수 있다. 감사의 마음은 주변에 긍정적인 에너지를 방출하므로, 긍정적인 사람들을 우리에게 끌어들여 좋은 인간관계를 형성하는 데 도움이 된다.

또한 감사의 마음은 우리에게 스트레스를 줄이고 긍정적인 마음 상태를 유지하는 힘을 준다. 이는 신체 건강과 정신 건강에도 긍정적인 영향을 끼친다. 감사함은 우리가 이미 가진 것에 대한 만족감을 높여 주어 새로운 기회를 더욱 잘 인식하고 활용하게 만들며, 이에 따라 삶의 깊이를 더해 주고 개인적인 성장을 돕는다.

하지만 이러한 행운들은 단순히 감사의 마음을 갖는 것만으로 저절로 일어나는 것은 아니다. 감사의 마음은 우리가 행운을 만나는 데 필요한 준비 상태를 만들어 주는 것일 뿐, 그 후의 적극적인 노력과 행동이 뒤따라야 진정한 행운을 만나게 될 것이다.

19세기 후반 미국 대부호이자 사업가인 앤드류 카네기(Andrew Carnegie)는 철강 산업에 큰 영향을 미쳤다. 그는 '철강왕'이라는 칭호를 얻었지만, 그의 진정한 성공은 은퇴 후에 이루어졌다. 카네기는 자신의 인생을 두 시기로 나누었는데, 첫 번째 시기는 부를 축적하는 시기, 두 번째 시기는 축적한 부를 사회에 환원하는 시기로 봤다.

65세에 '부의 복음'이라는 주제로 연설한 카네기는 "부에는 사회적 책임이 따르며, 돈은 사회 복지를 위해 환원해야 한다"라고 강조했다. 그의 이러한 생각은 그가 받은 것에 대한 감사의 마음에서 비롯됐다. 그는 감사의 마음을 표현하기 위해 전 재산의 95%를 사회에 환원하고, 미국 전역에 2,500여 개의 도서관을 지어 기증했다.

또한 자신이 받은 것에 대한 감사의 마음을 표현하기 위해 많은 도서관, 학교, 대학 등을 설립했다. 그는 감사의 마음을 갖고 행운을 부른 것뿐만 아니라, 그 행운을 다른 사람들과 공유하는 방법을 찾아낸 것이다.

카네기의 이야기는 우리에게 중요한 교훈을 전해 준다. 감사의 마음은 우리를 더 큰 성공과 행운으로 이끌 수 있으며, 그 행운을 다른 사람들과 나누는 것이 더 큰 가치를 창출할 수 있음을 보여준다. 그의 생애는 이러한 감사의 마음을 가지고 살아가는 방법을 모범적으로 보여 준다. 그는 자신이 받은 것에 대한 감사의 마음을 실천에 옮기는 것을 멈추지 않았으며, 그 결과, 그의 이름은 오늘날까지도 기억되고 있다.

카네기의 삶은 우리에게 감사의 중요성을 일깨워 준다. 그의 삶은 우리에게 감사의 마음을 가짐으로써 자신의 삶을 어떻게 바꿀 수 있는지, 그리고 그 행운을 어떻게 사회와 공유할 수 있는지를 보여 준다. 이것은 우리 모두에게 감사의 마음을 가지고 살아가야 하는 이유를 알려 주는 좋은 예다.

이나모리 가즈오(稻盛和夫)의 《바위를 들어올려라》에는 이런 내용이 있다.

"불평불만과 푸념을 일삼는 사람의 앞날은 어둡다. 반면 감사하는 사람의 앞날은 밝다. 감사를 품는 것만으로도 마음이 아름다워지고, 그에 따라 운명이 밝게 열리기 때문이다. 감사하는 마음은 행운을 부르는 비결이다."

불평이나 불만이 가득한 마음은 우리를 암울하고 부정적인 에너지로 둘러싸게 만든다. 이러한 마음의 상태는 행동, 태도, 그리고 결국 삶의 질에도 부정적인 영향을 미친다. 반대로, 감사의 마음을 가지고 있다면, 우리는 주변의 세상을 더 긍정적인 시각으로 바라보게 된다.

감사의 마음은 마치 밝은 빛과 같다. 이것은 내면을 밝히고, 어려움을 이겨 내는 힘을 갖게 해 준다. 이는 삶을 전반적으로 변화시키는 역할을 한다. 감사의 마음을 가지면, 삶의 소중한 순간들을 더 깊게 체험할 수 있고, 삶이 풍요롭고 의미 있는 것으로 느껴진다. 이는 우리의 사고방식을 긍정적으로 바꾸어 주며, 일상의 작은 것들에서도 행복을 발견할 수 있게 도와준다.

또한 감사의 마음은 우리를 더욱 긍정적인 사람으로 만들어 새로운 기회를 찾아내고, 개인적인 목표를 달성하는 데 도움을 준다. 이것은 건강에도 좋은 영향을 미친다. 감사의 마음을 가진 사람은 스트레스를 더 잘 관리하며, 면역력이 더 강화되어 건강한 삶을 누릴 수 있다. 이렇게 보면, 감사의 마음은 삶의 모든 영역에서 긍정적인 변화를 불러올 수 있는 강력한 힘이라는 것을 알 수 있다.

감사하는 습관을 들이는 방법에는 다양한 방법이 있다. 우리는 매일 감사 일기를 작성하는 것부터 시작할 수 있다. 매일 자신이 감사할 수 있는 것들을 적는 것은 우리가 자주 무시하거나 잊어 버리는 일상적인 행운을 인식하는 데 도움이 된다. 예를 들어 맛있는 식사, 친절한 주변 사람, 아름다운 날씨 등에 대해 적어볼 수 있다.

또한 감사의 마음을 표현하는 것도 좋은 방법이다. 이것은 친구, 가족, 동료, 또는 당신 삶에 긍정적인 영향을 끼친 누군가에게 감사의 말을 전하는 것이다. 처음에는 어색할지라도, 일단 한 번 해 보자.

그리고 긍정적인 태도를 유지하는 것도 중요하다. 인생의 어려움에 직면했을 때도 감사의 마음을 잊지 말아야 한다. 어려움을 겪을 때도 그 안에서 어떤 것을 배울 수 있을지, 어떤 것에 감사할 수 있을지 생각해 보자.

또한 주변 사람들을 돕는 것도 감사하는 습관을 키우는 좋은 방법이다. 자신이 받은 행운을 다른 사람들과 공유해 보자. 자원봉사, 기부, 지식과 경험을 공유하는 것 등 다양한 방법이 있다.

마지막으로, 현재에 집중하는 것도 중요하다. 과거의 후회나 미래의 걱정에 사로잡혀서는 안 된다. 현재 순간에 감사하고 그 순간을 최대한 즐기는 것이 중요하다.

이러한 방법들은 감사의 마음을 키워 행운을 부르는 데 도움이 될 수 있다. 하지만 중요한 것은 이러한 행동들이 단순히 행운을 부르기 위한 수단이 아니라, 자신의 삶을 더욱 풍요롭고 행복하게 만들기 위한 방법이라는 것을 기억하는 것이다.

감사하는 마음은 단순히 좋은 일이 일어났을 때만 갖는 것이 아니다. 삶의 어떤 순간에서도 찾아낼 수 있는 태도이며, 이는 우리가 세상을 바라보는 방식을 결정한다. 때로는 어려움을 겪을 때도, 그 어려움을 통해 무엇을 배울 수 있을지, 그 상황이 우리에게 어떤 변화를 가져다줄 수 있을지를 바라볼 수 있는 습관을 갖는 것이 중요하다.

또한 감사의 마음은 스스로를 더욱 사랑하고 존중하는 길이기도 하다. 자신의 감정에 정직하게 대하고, 스스로를 칭찬하고 격려하는 것은 감사의 마음을 더욱 늘려준다. 이는 자신의 삶을 더욱 긍정적으로 인식하게 만들고, 그 결과로 더 많은 행운과 기회를 만나게 할 것이다.

감사의 마음은 삶을 더욱 즐겁고 행복하게 살아가는 데 큰 도움을 준다. 감사의 마음을 갖는 것은 삶의 모든 순간을 소중하게 여기고, 그 순간들을 최대한 활용하게 만든다. 이는 삶을 더욱 풍요롭고 의미 있는 것으로 만들어 준다.

따라서, 감사의 마음을 갖는 것은 단순히 행운을 부르는 것이 아니라, 삶 자체를 더욱 가치 있고 풍요롭게 만드는 것이다. 이를 통해 우리는 삶의 모든 순간을 즐기며, 더욱 행복하고 만족스러운 삶을 살아갈 수 있을 것이다.

감사하면 좋은 일이 생긴다

얼마 전 나는 유튜브에서 감동적인 영상을 봤다. 인도 어느 도시의 도롯가에서 한 소년이 정차된 차의 오염된 부위를 닦아 주며 팁으로 생계를 이어 가고 있었다. 소년은 차가 정차할 때마다 차를 닦고 차의 주인에게 팁을 받으면, 감사하다고 몇 번이나 허리를 굽혔다.

그렇게 일을 반복하던 소년은 한참 동안 한곳에 시선이 고정된 채 차를 닦고 있었다. 그때 뒷좌석의 창문이 열렸고, 그 차에 탄 학생이 소년이 뚫어져라 쳐다보던 장난감을 건네주었다. 이리저리 장난감을 갖고 놀던 소년은 차에 탄 학생에게 장난감을 돌려 주었지만, 학생은 "이제 그건 네 거야" 하며 장난감을 받지 않았다.

좋아하는 장난감을 선물로 받은 소년은 작은 보답이라도 하고 싶었다. 그래서 자신이 팔고 있던 간식을 들고 와 차에 탄 학생과 나눠 먹었다. 이 영상을 본 네티즌들은 어른들이 배워야 할 따뜻한 마음이라며 칭찬을 아끼지 않았다. 이러한 작은 배려와 나눔의 순간들이 모이면, 우리가 살아가는 세상을 더욱 풍요롭고 따뜻한 곳으로 만들어 주지 않을까?

하지만 이런 순간이 흔치 않다는 사실에 씁쓸하다. 이 소년처럼 작은 행복을 나누는 사람이 더 많아진다면, 세상은 분명 더 살기 좋아지리라 생각한다. 소년의 감사가 좋은 일을 만들어 냈듯이, 평소에 사소한 것에서부터 감사하면 좋은 일이 일어난다.

따라서 일상 속에서도 긍정적인 마음 상태를 유지하는 것이 중요하다. 이러한 긍정적인 마음 상태는 개인의 행복과 생활 만족도를 높이는 데 큰 도움이 된다. 특히, 감사의 마음을 가지고 있다면, 일상에서 발생하는 긍정적인 사건에 더 많이 주목하게 되고, 이는 결국 우리의 긍정적인 감정 상태를 더욱 풍부하게 만든다.

이렇게 풍부해진 긍정적인 감정 상태는 우리의 행동과 결정에 큰 영향을 미친다. 그것은 우리가 좋은 일들을 만들어 내는 데 필요한 원동력이 된다. 감사함이라는 감정은 그 자체로 긍정적인 마음 상태를 만들어 주는데, 이것은 스트레스를 줄이고 행복감을 높이며, 전반적인 건강 상태를 향상시키는 데 크게 기여한다.

또한 감사의 마음을 표현하면, 사회 속에서 좋은 인간관계를 형성하는 데 큰 도움이 된다. 다른 사람에게 감사의 마음을 전하면 그들에게 긍정적인 에너지가 전달되고, 이는 결국 좋은 결과로 이어진다.

마지막으로, 감사의 감정은 삶에 대한 만족감을 높여 준다. 우리가 가진 것에 대해 감사함을 느끼면, 자신의 삶이 더 풍요롭다고 느낄 수 있다. 그래서 감사의 감정은 삶의 질을 향상시키는 중요한 역할을 한다. 이 모든 것들이 결국 좋은 결과로 이어질 수 있다는 것을 항상 기억해야 한다. 감사한 마음을 가지고 삶을 살아가는 것이 얼마나 중요한지를 기억하자. 이는 우리가 더 행복하고 만족스러운 삶을 살아가는 데 필요한 중요한 요소다.

그러나 항상 감사한 마음을 품고 있기란 어렵다. 이는 우리가 일상에서 직면하는 어려움과 스트레스 때문일 수 있다. 이러한 어려움을 극복하는 방법의 하나는 바로 '감사 연습'이다. 감사의 마음을 일상에 녹여내면, 어려움을 겪을 때도 긍정적인 에너지를 유지하고, 그로 인해 더 나은 상황으로 변화를 이끌어낼 수 있다. 그러니 감사의 마음을 갖는 것이 어렵다고 느껴질 때도 포기하지 말고, 계속해서 감사하는 연습을 해 보는 것이 중요하다.

세상을 살다 보면 무조건 모든 것이 성공한다고 보장하기는 어렵다. 성공하기에 앞서 수많은 시련과 실패를 경험하게 된다. 하지만 그런 순간들도 감사의 기회로 바꿀 방법이 있다. 실패는 우리에게 어떤 것이 잘못됐는지, 무엇을 개선해야 하는지 알려 주는 좋은 피드백이다. 실패를 통해 배운 것에 감사하는 마음을 가지면, 실패 자체를 긍정적인 경험으로 변화시킬 수 있다.

또한 실패한 것에 대해 자신을 너무 탓하지 말아야 한다. 대신에 노력했던 것, 도전했던 것에 대해 자신을 칭찬하고 인정하는 것이다. 그리고 그것에 감사하는 마음을 가져 보자. '현재의 실패는 장기적인 성공을 위한 한 단계일 뿐이다'라고 생각하자. 지금의 실패가 나중에 어떤 좋은 결과를 가져올지 모르기 때문에, 그 가능성에 감사하는 마음을 가져야 한다.

감사한 마음으로 노력하면 좋은 결과가 따르는 경우가 많다. 어떤 일이든지 시작이 반이라는 말처럼, 감사한 마음으로 시작하는 것만으로도 이미 좋은 출발이라고 할 수 있다. 감사함은 우리의 마음을 열고, 더욱 열심히 노력하게 만드는 힘이 있다. 그리고 그 노력이 결국은 좋은 결과로 이어지는 것이다.

미국 캘리포니아대 로버트 에머슨(Robert Emerson) 교수는 "연구 결과, 감사하는 습관이 삶에 극적이고 지속적인 영향을 미칠 수 있는 것으로 나타났다"라고 말했다. 그의 연구는 감사 일기를 통한 감사 표현이 개인의 행복감, 긍정적 감정, 그리고 건강에 어떤 영향을 미치는지 알아보는 실험이었다.

연구 방법은 다음과 같다. 먼저 참가자들을 두 그룹으로 나눴다. 한 그룹에는 매일 저녁에 감사할 수 있는 3가지 사항을 적는 감사 일기를 쓰라고 지시했다. 이 일기를 통해 참가자들은 자기 삶에서 감사할 수 있는 부분들에 대해 집중하고, 그것들을 기록했다. 반면에, 다른 그룹에는 일상에서 불편했던 사항을 적는 일기를 쓰라고 지시했다. 이 그룹의 참가자들은 자기 삶에서 부정적인 부분에 초점을 맞췄다.

연구가 끝난 후, 감사 일기를 쓴 그룹은 그렇지 않은 그룹에 비해 행복감이 약 10% 높아진 것으로 나타났다. 이는 매우 중요한 결과로, 소득이 2배로 늘어날 때 기대할 수 있는 행복감 수준과 비슷하다. 이는 감사의 힘이 얼마나 큰지를 보여 주는 강력한 증거다.

또한 감사 일기를 쓴 그룹은 건강에 대한 걱정이 더 적었다. 이는 감사의 감정이 우리의 건강에도 긍정적인 영향을 미칠 수 있음을 말해 준다. 이 연구는 감사의 마음을 의식적으로 표현하는 것이 삶에 어떤 긍정적인 변화를 불러올 수 있는지를 보여 준다. 이는 감사의 힘을 더 깊이 이해하고, 그것을 일상생활에 적용하는 데 도움이 될 것이다.

H기업의 '감사 카드' 프로그램은 직원들의 만족도와 팀워크 향상을 위해 도입된 독특한 방법이다. 이 기업은 감사의 가치를 인정하고, 이를 조직 문화의 일부로서 적극 도입하기로 했다. 그

결과로 감사 카드가 탄생했다. 감사 카드는 직원들이 서로에게 감사의 마음을 직접적으로 표현하는 데 사용됐다. 이 카드는 감사의 감정을 공유하고, 그러한 감정이 더욱 확산하도록 돕는 역할을 했다.

직원들은 감사 카드를 통해 자신이 감사하는 동료에게 솔직하고 직접적인 감사의 메시지를 전달했다. 메시지에는 감사의 이유를 구체적으로 적는다. 예를 들면, 동료가 어려운 일을 잘 해낸 경우, 도움을 준 경우, 또는 팀에 긍정적인 에너지를 불어넣어 준 경우 등 다양하다.

감사 카드 프로그램이 도입된 후, 직원들의 만족도와 팀워크는 크게 향상됐다. 감사 카드는 직원들 사이의 존중과 인정을 증진하는 데 큰 역할을 했다. 감사 카드를 통해 직원들은 서로의 노력과 기여를 인식하고, 그것을 긍정적으로 인정하게 됐다.

더 나아가, 감사 카드는 팀 내의 의사소통과 협업을 더욱 원활하게 만들었다. 직원들이 서로를 더욱 존중하고 인정하게 되면서 팀 내의 분위기는 더 긍정적이고 활기차게 변했다. 이 모든 결과는 감사의 힘이 얼마나 강력한지를 보여 주는 좋은 예다. H기업의 감사 카드 프로그램은 감사의 힘을 조직 내에 확산시키는 데 큰 역할을 했다.

감사의 감정을 표현하고 그것을 일상생활에 적용하는 것은 개인의 행복감과 만족도를 높이는 데 큰 도움이 된다. 감사의 마음을 갖는 것은 삶을 더욱 풍요롭고 긍정적으로 만들어 준다. 감사함은 우리에게 긍정적인 마음 상태를 유지하게 도와주고, 그로 인해 우리는 더욱 행복하고 만족스러운 삶을 살 수 있다. 우리는 감사의 마음을 가지고 살아가는 것이 중요하다는 것을 항상 기억해야 한다. 삶에 감사의 힘을 더하고, 그 힘을 통해 좋은 일을 끌어당길 수 있도록 노력해야 한다.

확언으로 행운을 끌어당겨라

우리는 매일 수많은 말을 하며 살아간다. 우리가 하는 말 중에는 자신에게 긍정적인 영향을 미치는 말도 있지만, 부정적인 영향을 미치는 말도 있다. 이처럼 매일 하는 말은 마음가짐과 행동, 그리고 삶의 질에 큰 영향을 미친다.

그렇기 때문에 어떤 말을 선택하고, 어떻게 이를 표현하는지는 매우 중요하다. 따라서 우리는 매일 하는 수많은 말 중에서 긍정적인 영향을 미치는 말을 선택하고, 이를 자주 반복해서 자기 생각과 행동을 긍정적으로 바꾸려는 노력이 필요하다.

그렇다면 우리의 생각과 행동을 어떻게 긍정적으로 바꿀 수 있을까? 그 해법 중 하나는 확언을 하는 것이다. 확언은 '단언하다'

또는 '강하게 주장하다'라는 뜻을 가지고 있다. 우리는 종종 이러한 확언을 통해 자신의 믿음이나 기대를 표현한다. 그리고 확언은 우리가 어떻게 생각하고 느끼며, 행동하는지에 결정적인 역할을 한다.

우리가 하는 확언은 삶에 깊은 영향을 미친다. 확언은 사고방식, 감정, 행동, 그리고 결과적으로 삶의 질에 큰 영향을 미치는 요소다. 확언이 우리 삶에 어떤 영향을 주는지 정리해 봤다.

1. **사고방식에 영향** : 우리가 어떤 자세로 확언하느냐에 따라 결과는 달라진다. 긍정적인 확언을 반복하면 우리는 더 긍정적인 삶을 살 수도 있고, 반대로 부정적인 확언을 하면 우리의 삶은 부정적으로 변한다.

2. **감정에 영향** : 확언은 우리의 감정 상태에도 영향을 미친다. 예를 들어, "나는 행복하다"라는 확언을 반복하면 우리는 실제로 행복감을 느끼게 된다.

3. **행동에 영향** : 확언은 우리의 행동을 결정하는 데도 중요한 역할을 한다. "나는 이 일을 할 수 있다"라고 확언하면 우리는 그 일을 해내기 위한 행동을 취하게 된다.

4. **결과에 영향** : 사고방식, 감정, 행동의 변화는 결국 우리의 삶의 결과에 영향을 미친다. 우리가 긍정적인 확언을 통해 긍정적인 사고방식, 감정, 행동을 가지게 되면, 우리의 삶

도 긍정적인 방향으로 변한다.

확언은 삶을 그리는 붓과 같다. 그것은 우리의 인식, 기대, 그리고 심지어 느낌까지 형성하는 데 기여한다. 우리의 사고방식, 감정, 행동, 그리고 삶의 결과를 바꾸는 데 확언을 활용할 수 있다.

확언에는 긍정 확언도 있고, 부정 확언도 있다. 긍정 확언은 자신에게 미치는 영향이 긍정적이라는 뜻에서 붙여진 이름이다. 예를 들어 '나는 강하다', '나는 행복하다', '나는 성공할 수 있다'와 같이 자신을 긍정적으로 표현하는 문장을 반복해서 마음가짐을 바꾸고, 긍정적인 생각을 강화하는 것을 목표로 한다.

반면에 부정 확언은 자신에게 미치는 영향이 부정적인 확언을 말한다. 이는 '나는 실패하게 될 것이다', '나는 힘들다', '나는 문제를 해결할 수 없다'와 같이 자신을 부정적으로 표현하는 문장을 반복한다. 이러한 부정 확언은 마음가짐과 행동에 부정적인 영향을 미치며, 이는 우리의 생각과 행동을 제한하고, 성장과 발전을 방해할 수 있다.

이처럼 확언은 마음가짐과 행동에 큰 영향을 준다. 그래서 우리는 어떤 확언을 선택하고, 어떻게 확언을 사용할지에 대해 신중해야 한다. 긍정 확언을 통해 자기 생각과 행동을 긍정적으로 바꾸는 것은 자기 계발의 중요한 부분이며, 이를 통해 자신의 목표를 이루고, 더 나은 삶을 살아갈 수 있다.

우리는 긍정 확언을 통해 성격이나 인생에 대한 변화를 불러올 수 있다. 우리가 자주 사용하는 긍정 확언은 다음과 같은 놀라운 힘을 갖고 있다.

첫째, 확언은 자신감을 높이는 데 중요한 역할을 한다. "나는 능력이 있다"나 "나는 이 일을 잘할 수 있다"와 같은 확언을 지속해서 반복함으로써, 점차 그것을 믿게 되고, 이 믿음은 자신감을 끌어올린다. 이것은 새로운 도전을 하거나, 어려운 상황을 극복하는 데 큰 도움이 된다.

둘째, 확언은 우리의 사고방식을 바꾸는 데도 큰 영향을 미친다. "나는 행복하다", "나의 삶은 의미가 있다" 등의 긍정적인 확언을 반복하면, 사고방식이 점차 긍정적으로 변화하게 된다. 이러한 변화는 우리의 감정 상태를 개선하고, 삶의 질을 향상하는 데 크게 기여한다.

셋째, 확언은 우리가 목표를 달성하는 데 도움을 준다. "나는 목표를 달성할 것이다" 또는 "나는 성공할 것이다"와 같은 확언을 통해, 목표에 대한 확신을 가질 수 있다. 이 확신은 우리가 필요한 행동을 취하고, 결국 목표를 달성하는 데 큰 도움이 된다.

넷째, 확언은 우리의 성격을 바꾸는 데도 큰 영향을 미친다. "나는 참을성이 있다", "나는 친절하다"와 같은 확언을 통해, 원하는 성격 특성을 강화할 수 있으며, 대인 관계도 개선할 수 있다.

결국 확언은 성격이나 인생에 깊은 변화를 불러올 수 있는 강력한 도구다. 확언은 무의식적인 마음을 바꾸는 데 효과적이기 때문에, 우리가 원하는 변화를 만들어 내는 데 큰 도움이 된다.

그렇다면 긍정 확언은 어떻게 해야 효과가 있을까? 긍정 확언을 하는 방법은 여러 요소가 복합적으로 작용하는 과정이다. 먼저, 자신이 어떤 변화를 원하는지 명확하게 알아야 한다. 이는 확언의 목표를 설정하는 기본 단계로, 이를 통해 어떤 긍정적인 문장을 만들어야 할지 결정할 수 있다.

확언은 긍정적인 어투로 이루어져야 하며, 미래가 아닌 현재형을 사용하는 것이 중요하다. 예를 들어, "나는 성공하고 있다"와 같이 현재의 자신을 긍정적으로 표현하는 것이 중요하다. 이렇게 현재형을 사용하는 것은 우리의 뇌가 현재 상황을 더 잘 인식하고 받아들이기 때문이다.

다음으로, 이런 긍정적인 확언을 매일 꾸준히 반복하는 것이 중요하다. 이는 마치 운동을 꾸준히 해야 근육이 성장하는 것처럼, 지속해서 긍정적인 생각을 반복함으로써 그것이 우리의 생각과 행동에 자연스럽게 녹아들도록 만드는 과정이다.

마지막으로, 단순히 문장을 반복하는 것이 아니라 그 문장에 대한 감정적 연결을 만드는 것이 중요하다. 긍정적인 감정을 느끼며 확언하면 그 효과는 더욱 커진다. 이렇게 확언을 통해 자신의 마음가짐을 바꾸고, 긍정적인 생각을 강화하는 것은 우리의 삶을 윤택하게 한다. 하지만, 확언만으로 모든 것이 해결되는 것은 아니다. 확언은 그저 도구일 뿐, 실제로 목표를 이루기 위해서는 그에 따른 노력과 행동이 필요하다.

그렇다면 확언이 삶에 '행운'을 끌어당길 수 있는 것일까? 그것은 우리가 어떻게, 그리고 어떤 확언을 하는지에 따라 달라진다. 확언은 마음가짐, 생각, 그리고 행동을 변화시키는 데 큰 역할을 한다. 이러한 변화는 새로운 기회를 찾아내거나 도전을 극복하고, 개인적인 목표를 달성하는 데 도움을 줄 수 있다. 이런 의미에서 긍정 확언은 '행운'을 끌어당기는 힘을 가진다고 볼 수 있다.

행운이란 단순히 운명적이거나 우연히 주어지는 것이 아니라, 스스로가 확언을 통해 끌어당기고, 만들어 낼 수 있는 긍정적인 변화나 기회를 의미한다. 따라서 확언은 우리가 원하는 행운을 끌어당기는 강력한 도구가 될 수 있다.

하지만 이는 단순히 긍정 확언을 반복하는 것만으로 가능한 것은 아니다. 긍정 확언은 우리가 원하는 변화를 이루는 데 필요한 긍정적인 마음가짐과 의지를 강화하는 도구일 뿐, 그 자체로 모든 것을 해결해 주지는 않는다. 긍정 확언은 생각과 행동을 바꾸는 첫걸음일 뿐, 그것을 실제로 행동으로 옮기고, 끊임없이 노력해야만 원하는 결과를 얻을 수 있다.

긍정 확언이 습관으로 만들어지면 결국 우리는 긍정 확언의 힘을 이해하고 이를 적극적으로 활용함으로써 삶을 더욱 윤택하게 만들고 행운을 끌어당길 것이다.

행운을 끌어당기는 직관의 힘

무시무시한 생태계에서 인간이 오랫동안 멸종하지 않고 살아남을 수 있었던 이유는 무엇일까? 그것은 바로 인간은 생각하는 동물이기 때문이다. 생각을 할 수 있기에 위급한 상황에서 빠져나올 수 있었고, 자신보다 힘이 센 포식자를 제압할 수 있었다. 인간은 생각함으로써 최상위 포식자로 군림할 수 있었다. 이처럼 생각이란 인간에게 없어서는 안 될 중요한 능력이다. 하지만 생각은 가끔 우리를 곤경에 빠뜨리기도 한다.

미국 심리학자 쉐드 햄스테더(Shad Helmstetter) 박사는 "인간은 하루에 5만에서 6만 가지의 생각을 하는데 이 생각 중 75%인 3~4만 가지의 생각은 자신의 의도와 상관없이 부정적으로 흘러 행복보다는 불행을 더 많이 생각하고 부정적인 시각으로 자신을 바라보며 세상을 평가하게 된다"라고 말했다. 이는 '오만가지 생각이 다 난다'는 옛말과 이어진다. 인간은 어떤 일이 닥치면 수많은 생각을 하게 된다는 것이다.

이러한 생각들은 종종 감정과 태도에 영향을 미치며, 부정적인 시각으로 세상을 평가하게 만들 수도 있다. 하지만 우리는 좀 더 나은 삶을 위해서 이러한 부정적인 생각을 인식하는 연습을 해야 한다.

또한 우리는 의도적으로 긍정적인 시각을 갖도록 노력해야 한다. 옳고 그른 것, 긍정과 부정의 관점 등은 사람마다 다를 수 있지만, 자기 생각에 대해 잘 관찰하고 의도적으로 긍정적인 시각을 갖도록 노력하는 것이 중요하다. 긍정적인 생각과 태도를 가지면 불행보다는 행복과 긍정적인 경험을 더 많이 만들 수 있기 때문이다.

만약 이 책을 읽는 당신이 평소에 부정적인 생각을 많이 하는 것처럼 느껴진다면, 몇 가지 방법을 시도해 보자. 우선, 자기 생각을 주의 깊게 관찰하는 것이 중요하다. 어떤 종류의 부정적인 생각이 자주 나타나는지, 어떤 상황에서 그런 생각이 더 자주 발생하는지 파악해 보는 것이다.

그리고 부정적인 생각에 집중하는 대신, 긍정적인 시각을 갖도록 노력해 보자. 자신에게 긍정적인 말을 건네거나 긍정적인 경험에 집중하는 것이 도움이 될 수 있다. 또한 부정적인 생각이 들 때는 자신에게 질문을 해 보고 대화를 나누는 것도 도움이 될 수 있다. 자신에게 '이 생각이 현실적인가?', '이 생각이 나에게 도움이 되는가?'와 같은 질문을 던져보는 것처럼 말이다.

이 외에도 필요하다면 가족, 친구, 심리상담 전문가 등에게 도움을 청할 수도 있다. 다른 사람의 관점과 조언을 듣는 것은 자기 생각을 다른 각도에서 바라볼 수 있기 때문이다. 부정적인 생각을 줄이는 것은 시간과 노력이 필요하며, 조급해하지 않고 차근차근 시도하며 자신을 이해하고 꾸준히 노력하는 것이 중요하다.

부정적인 생각을 대신해서 행복한 생각을 더 많이 하기 위해 또 다른 방법들을 시도해 볼 수 있다. 감사의 마음을 가지고 일상에서 감사할 점을 찾아 보고, 자기 대화를 통해 긍정적인 시각을 유지하도록 노력하는 것이다. 그리고 자신에게 행복을 주는 활동을 찾아 그것을 통해 즐겁게 지내 보자.

주변의 긍정적인 사람들과 교류하며 긍정적인 생각을 하는 것도 방법이다. 이 외에도 충분한 휴식과 건강한 생활 습관을 유지하는 것도 행복을 유지하는 데 도움이 된다. 마지막으로, 목표를 설정하고 그 목표를 이루기 위해서 노력하는 것이다. 목표를 향해 진전하고 성취감을 느끼는 것은 긍정적인 영향을 줄 수 있다.

이러한 방법들을 조금씩 적용해 보면 부정적인 생각보다 긍정적인 생각을 더 많이 하는 당신을 발견할 수 있을 것이다. 의지를 갖추고 노력하며 자신을 이해하려는 긍정적인 시각을 갖자. 이런 노력을 꾸준히 한다면 행복과 긍정적인 경험을 더 많이 만들어 갈 수 있다.

부정적인 생각을 긍정적으로 바꾸려면 쓸데없는 생각을 인식하고, 그 생각을 점차 줄이면서 감정적으로 대응하는 습관을 고쳐 보는 것이 효과적인 방법이다. 그중 직관을 이용하는 방법이 있다. 당신은 직관이란 단어를 알고 있는가? 사전에서 직관이란 '판단·추론 등을 개재시키지 않고, 대상을 직접적으로 인식하는 일'이라고 명시되어 있다.

직관을 통해 우리는 때때로 정보를 직접적으로 받아들이고, 직관적으로 행동할 수 있다. 직관은 때로는 논리나 분석을 넘어서는 통찰력을 제공하기도 한다. 따라서 직관을 적극적으로 활용해서 상황을 파악하고 행동할 수 있는 능력이 중요하다.

직관은 세상을 살아가는 데 있어 중요한 요소다. 우리는 지금까지 세상을 살아가면서 수많은 후회를 해 봤다. 후회는 과거에 대한 아쉬움과 반성을 통해 더 나은 방향을 찾고자 하는 내면적

신호다. 우리는 후회를 통해 자기 행동과 선택에 대해 깊이 생각해 보는 시간을 갖게 된다.

또한 후회함으로써 우리는 직관을 발전시킬 기회를 얻을 수도 있다. 후회를 경험한 뒤에는 자신의 직관을 믿고, 비슷한 상황에서 더 나은 선택을 할 수 있도록 노력해야 한다. 후회를 통해 성장하고 발전할 수 있으며, 더 나은 미래를 위한 직관을 갖출 수 있다.

후회하지 않으려면 직관의 힘을 길러야 한다. 직관은 우리에게 내면의 지혜와 통찰력을 제공해 준다. 직관을 발전시키고 믿음으로 행동하기 위해서는 자신의 감정과 직감을 주의 깊게 관찰하고, 신뢰할 수 있도록 연습해야 한다.

직관의 힘을 기르지 못하면 또다시 자신에게 온 기회를 놓치게 된다. 직관의 힘을 기르면 우리는 더 나은 결정을 내릴 수 있고, 더 많은 기회를 포착해서 후회 없는 삶을 살아갈 수 있을 것이다.

그렇다면 직관은 어떻게 해야 효과가 좋을까? 일상적인 생활에서 직관을 잘 활용할 수 있는 방법을 알아보자.

먼저 명상과 마음의 정화는 직관을 키우는 데 중요한 요소다. 명상은 마음을 진정시키고, 내면의 소리에 더욱 귀 기울일 수 있는 좋은 방법이다. 일상에서 조용한 시간을 가지고 명상을 실천하면, 마음이 조용해질 때 직관적인 인식이 더욱 뚜렷해진다.

또한 관찰력과 자기 인식을 향상시키는 것도 직관을 향상시키는 데 중요하다. 자신의 감정과 몸의 반응을 주의 깊게 관찰하면서, 자신의 몸과 감정의 신호를 읽고 해석하는 것은 직관적인 판단을 돕는 요소가 된다.

새로운 경험은 직관을 풍부하게 만들어 준다. 새로운 경험을 추구하고 다양한 관점을 이해하려는 노력은 자신의 직관을 발전시키는 데 큰 도움이 된다.

직관을 믿고 따르는 연습도 필요하다. 때로는 논리적인 판단을 넘어서 직관에 따라 행동하는 것이 더 좋은 선택일 수 있다. 직관에 따라 행동을 연습하고, 그 과정에서 실패와 성공을 경험하면서 자신의 직관을 점차 발전시킬 수 있다.

마지막으로, 자신의 직관에 대한 신뢰를 강화하고, 직관적인 결정을 내리는 데 필요한 자신감을 키우는 것이 중요하다. 직관을 믿고 따르면서 자신의 직관에 대한 신뢰를 점차 강화해 보는 것이 좋다.

이러한 방법들은 직관을 개발하고 향상하는 데 도움이 될 수 있다. 하지만 이러한 방법들은 개인의 경험과 성향에 따라 효과가 다를 수 있으므로, 자신에게 가장 맞는 방법을 찾아 실천해 보는 것이 좋다.

직관은 우리가 내면의 지혜와 통찰력을 활용해서 무의식적으로 정보를 받아들이고 판단하는 능력이다. 이러한 직관의 힘을

발휘할 때 더 나은 선택을 할 수 있고, 긍정적인 결과를 얻을 가
능성이 커진다.

직관은 합리적인 사고와는 다른 차원에서 작용하며, 종종 논
리나 분석적인 사고로는 해결하기 어려운 문제와 상황에서 도움
을 줄 수 있다. 직관을 믿고 행동하면 우리는 자연스럽게 긍정적
인 에너지를 발산하고, 주변 환경과 상호작용할 때 긍정적인 결
과를 더 자주 만들어 낼 수 있을 것이다.

그러나 직관의 힘이 모든 상황에서 항상 100% 정확하게 작용
한다는 것은 보장할 수 없다. 때로는 직관과 합리적인 판단을 조
합해서 최선의 결정을 내리는 것이 필요하다.

직관의 힘의 크기는 개인에 따라 다를 수 있지만, 직관을 발전
시키고 믿음으로 행동하는 것은 더 나은 선택과 긍정적인 결과를
만들어 낼 것이다. 이것이 행운을 끌어당기는 직관의 힘이다.

5장

긍정 확언으로
마음의 부자가
되어라

괜찮아, 반드시 잘될 거야

"나는 점점 확장돼 모든 것과 하나되었고, 천국이란 '장소'가 아니라 '상태'임을 알았다."

《그리고 모든 것이 변했다》의 저자 아니타 무르자니(Anita Moorjani)는 암과의 사투 끝에 죽음의 문턱을 경험하고 온 인물이다. 그녀는 임파선 암에 걸려 4년간의 투병 중 혼수상태로 병원에 실려 오게 됐다. 하지만 병원으로 옮겨졌을 때 그녀의 모든 장기는 이미 활동을 멈춘 상태였다. 당시 그녀는 30시간이라는 긴 혼수상태에 빠졌기 때문에 사망했다는 표현이 맞을 것이다.

하지만 그녀는 기나긴 혼수싱태에서 임사 체험을 하고, 기적적으로 깨어나게 된다. 임사 체험이란 사람이 죽음에 이르렀다가 다시 살아난 체험을 의미한다. 임사 체험을 하는 동안 의식의 확장을 경험하면서 아니타는 왜 자신이 암에 걸렸는지 단번에 알아차렸다. 그것은 바로 자기를 사랑하지 않은 것, 살면서 진실을 외면한 것에 대한 두려움 때문이었다. 그리고 그 두려움과 자기 사랑의 부족은 곧 암이라는 몸의 질병으로 표현됐다.

임사 체험에서 그녀는 자신이 얼마나 장엄한 존재인지 깨달았다고 한다. 자신이 전체와 연결된 하나임을 확연히 느낀 순간, 몸이란 내면 상태의 반영에 불과하다는 것을 확실히 깨닫고, 만약 삶으로 다시 돌아간다면 자기 몸은 몇 주나 몇 달이 아닌 며칠 만에 곧 낫게 될 것을 알게 됐다.

그녀가 깨어난 후 기적처럼 5일 만에 온몸에 퍼져 있던 암세포들의 병세가 호전되어 중환자실에서 일반 병실로 옮겨졌다. 그리고 얼마 뒤 암세포가 완전히 사라진 것으로 판명되어 입원 5주 만에 퇴원했다. 병원의 의사들 모두 그녀를 포기했지만 결국 기적이 일어난 것이다.

아니타 무르자니의 경험은 우리에게 아무리 힘들고 어려운 역경이 다가와도 절대 포기하지 말라는 교훈을 준다. 그녀의 인생은 임사 체험을 통해 더욱 깊고 의미 있는 방향으로 흘러갔으며, 그녀의 이야기는 우리에게 희망과 용기를 준다. 그녀의 사례처럼 우리는 자기 자신을 사랑하고, 자기 자신에게 진실을 말해야 한다.

이는 우리가 어떤 어려움이 있을 때도 '괜찮아. 잘될 거야'라는 마음가짐으로 자신을 단호하게 지지해야 한다는 뜻이다. 우리는 자기 자신을 위해 긍정적인 자기 대화를 나누며, 자신을 믿고 격려해야 한다. 또한 자신에게 솔직하게 어려운 감정을 표현하고, 자기에게 필요한 돌봄과 스스로를 돌아보는 시간을 줘야 한다.

이를 통해 우리는 자기 자신을 강하게 키우고, 어떤 상황에서도 긍정적인 변화와 성장을 이룰 수 있다. '괜찮아. 잘될 거야'라는 자기 사랑의 메시지와 함께, 스스로에게 진실한 대우를 함으로써 더욱 풍요로운 삶을 살아갈 수 있다.

"하쿠나 마타타."

이 표현은 '문제없다'라는 뜻의 스와힐리어다. 스와힐리어는 아프리카 동부 해안에 있는 잔지바르에서 기원한 언어다. 이 문장은 애니메이션 〈라이온 킹〉의 대사로 쓰인 뒤, 전 세계적으로도 널리 사용되는 관용적인 표현이 됐다. 〈라이온 킹〉에서는 "근심 걱정 모두 떨쳐버려"라고 번역됐는데, 현재는 이 뉘앙스로 많이 쓰이고 있다.

나는 초등학교 저학년 때, '하쿠나 마타타'라는 표현을 입에 달고 살았다. 이 버릇은 아침마다 방송된 〈라이온 킹〉의 영향이었다. 〈라이온 킹〉에서 미어캣 티몬과 혹멧돼지 품바는 어떤 상황에서든 항상 '하쿠나 마타타'를 외치곤 했다. 기쁠 때나 슬플 때나 그들은 그 표현을 사용했다.

그 당시 티몬과 품바는 또래 아이들에게 선풍적인 인기를 끌었다. 그런 까닭에 내가 사는 동네에서는 '하쿠나 마타타'가 유행이었다. 나뿐만 아니라 동네 친구들도 그 문장의 뜻도 잘 모른 채 자주 외치고 다녔다.

그런데 어느 순간부터 나는 '하쿠나 마타타'라는 표현의 큰 뜻을 알게 됐다. 그것이 긍정적인 마음가짐을 상징하는 표현이라는 것을 알아챈 것이다. 그 이후 마음속으로 주문을 외우면 근심 걱정이 사라지는 듯했다. 그래서 당시에 나는 어려움에 직면하면 '하쿠나 마타타'의 속뜻을 떠올리며, 슬기롭게 잘 헤쳐 나갔다. '하쿠나 마타타'는 어린 시절에 시작된 버릇이지만, 지금까지도 어떤 상황에서든 멘털을 잡고 긍정적으로 생각하며 나아갈 힘을 주었다.

당신도 나처럼 당신만의 힘이 되는 주문을 만들어 보자. 그리고 어려운 일이 있을 때마다 그 주문을 속으로 외워 보자. 주문이 아니라면 음악도 좋다. 음악은 우리의 마음을 진정시켜 주고 기분 좋게 만들어 주는 힘이 있다.

"괜찮아. 잘될 거야. 너에겐 눈부신 미래가 있어. 괜찮아. 잘될 거야. 우린 널 믿어 의심치 않아."

이 곡은 드라마 〈슬기로운 의사 생활〉 시리즈에 출현한 배우들이 결성한 밴드 '미도와 파라솔'이 부른 〈슈퍼스타〉라는 곡이다. 내가 힘들 때 가끔 듣던 노래다. 노래 가사처럼 우리에게는 눈부신 미래가 있다. 그리고 우리 자신은 우리를 믿는다. 그렇기 때문에 가끔 힘든 상황이 다가와도 우리는 그 문제를 해결할 수 있다.

나는 이 노래를 들으면서 동기부여를 얻었다. 우리는 힘들고 어려운 순간에도 포기하지 말아야 한다. 포기하지 않고 계속 앞으로 나아간다면 결국에는 성공과 행복을 찾을 수 있다. 때로는 〈슈퍼스타〉라는 노래처럼 우리 스스로를 격려하고 응원하는 목소리가 필요할 때도 있다. 그 목소리는 우리에게 힘과 용기를 주고, 어떤 상황에서도 긍정적으로 나아갈 힘을 심어 줄 것이다. 그래서 우리는 어떤 어려움이든 이겨 낼 수 있고, 성공할 수 있을 것이다.

이처럼 자기 자신에게 계속 긍정적인 표현을 하는 것은 우리에게 큰 영향을 줄 수 있다. 내면에 긍정적으로 자주 표현하는 것은 우리의 마음과 태도를 바꿀 수 있다. 우리가 어려운 상황에 직면하거나 어려운 시기를 겪을 때, 긍정적인 생각을 하거나 그러한 태도를 가지면 자신감을 갖게 되고, 시련에 대한 긍정적인 마음가짐을 유지할 수 있다.

긍정적인 생각이나 메시지는 심리적인 안정감을 높여 주고,

스트레스와 불안을 감소시킨다. 또한 긍정적인 말을 주변 사람들에게 전달하면 그들도 용기를 얻고 힘을 내어 어려움을 극복할 수 있을 것이다.

자기 자신에게 하는 긍정적인 말은 희망과 좋은 느낌을 주는 동시에, 우리의 행동과 노력을 지속할 수 있도록 동기부여도 해 준다. 이러한 긍정적인 태도와 믿음은 성공과 성취를 이루는 데 큰 영향을 미친다. 따라서 우리가 어려운 상황에서 이런 말을 자주 사용하고 실천한다면, 좋은 변화와 긍정적인 결과를 기대할 수 있을 것이다.

매일 아침 "괜찮아. 잘될 거야"와 같은 긍정적인 말을 해 보자. 처음에는 어색할 수 있지만 계속하다 보면 언젠가는 익숙해질 것이다. 우리가 자신을 부정하고 비판하는 말을 반복하면 마음이 가라앉고 힘이 떨어질 수 있지만, 긍정적인 말을 자주 내뱉고 자신을 격려하면 마음이 풍요로워지고 자신감이 생길 수 있다.

우리는 긍정적인 확언으로 마음의 부자가 될 수 있다. 마음의 부자가 되려면 자신을 긍정적으로 인정하고 사랑하는 것이 중요하다. 또한 자신의 장점과 능력에 주목하며, 성공과 성취를 축하하고 칭찬하는 자세를 가져야 한다. 그리고 어려운 상황에서도 긍정적인 시각을 유지하고 긍정적인 자기 대화를 나눠야 한다. 이러한 긍정 확언은 우리의 마음을 부유하게 만들어 주며, 긍정적인 에너지와 풍요로움을 끌어들일 수 있다.

긍정적인 말들을 통해 마음의 부자가 되면 자신을 긍정적으로 대하는 태도를 갖게 되고, 더욱 풍요로운 삶을 살 수 있다. 이는 성공적인 마인드셋을 형성하고, 자기 잠재력을 최대한 발휘할 기회를 창출할 수 있게 해 준다. 긍정적인 태도와 생각은 우리의 자신감을 키워 주며, 도전과 역경에 대한 대응력을 강화한다. 이러한 마음가짐을 가지고 행동하면, 더 큰 성공과 만족을 경험할 수 있을 것이다. 그리고 풍요롭고 의미 있는 삶을 즐기며, 자신의 꿈과 목표를 달성해 나갈 수 있을 것이다.

그러므로, 매일 아침 자신을 위로하고 격려하는 긍정적인 말로 하루를 시작해 보자. 이것이 바로 당신의 마음을 풍요롭게 만들며, 더욱 성장하고 발전하는 데 도움을 줄 것이다. 자신을 사랑하고 인정하는 것은 힘들 때도 긍정적인 태도를 유지하게 해 주며, 삶의 여러 도전을 용기 있게 이겨 내는 힘을 줄 것이다. 그렇게 하루하루를 긍정적인 마음으로 채워가면서, 당신은 자신의 삶을 건강하고 행복하게 만들어 나갈 수 있다.

나는 할 수 있다, 나는 성공한다

내가 지금 머물고 있는 춘천 후평동은 한창 주가를 올리고 있는 축구 스타 2명의 고향이다. 한 선수는 손흥민이고, 다른 한 선수는 황희찬이다. 그들은 현재 세계에서 가장 인기 있는 리그 중 하나인 프리미어리그에서 뛰고 있는 한국인 선수들이다. 그중 손흥민은 아시아인 최초로 프리미어리그 득점왕을 했을 정도로 실력이 뛰어나다.

최근 손흥민은 영국 매체 '90MIN'이 선정한 역대 프리미어리그 최고의 선수 50위에 이름을 올렸다. 해당 매체는 "잉글랜드 프리미어리그 역사상 가장 강력한 공격 파트너로 손꼽히는 손흥민은 토트넘에서 뛰는 동안 뛰어난 활약을 펼쳤다. 많은 사람이 해리 케인(Harry Kane)을 배트맨, 손흥민을 로빈으로 봤지만, 손흥민은 이미 그 자체로 슈퍼스타"라며 그를 높이 평가했다.

이어 "손흥민은 프리미어리그 골든 부트, 올해의 골, 지난 몇 년 동안 잉글랜드 프로축구선수협회 올해의 팀에도 여러 차례 선정됐다. 케인이 떠난 뒤 손흥민은 토트넘의 주장이자 여전히 리그의 최고 선수 중 한 명이다"라고 덧붙였다.

나는 손흥민을 월드클래스라고 생각한다. 그의 아버지 손웅정은 아직도 그렇게 생각하지 않지만 말이다. 일찍부터 손웅정에게 겸손함을 배워서일까? 손흥민은 축구 실력뿐만 아니라 겸손하고 근면한 태도로도 잘 알려져 있다. 그는 어려운 상황에서도 포기하지 않고 최선을 다하는 모습으로 많은 팬들의 사랑을 받고 있다. 나는 손흥민도 대단하다고 생각되지만, 그의 아버지 손웅정이야말로 정말 대단한 아버지이자 지도자라고 생각한다.

손흥민의 성공 뒤에는 아버지 손웅정의 헌신이 있었다. 그는 손흥민 선수가 어렸을 때부터 하나부터 열까지 돌보며 세계 정상급 선수로 키워냈다. 그는 매일 손흥민과 같은 훈련을 하며 때로는 친구로서, 때로는 엄격한 아버지로서 2가지 역할을 자처했다. 손웅정은 선수에게 가장 필요한 것은 기본기와 인성이라고 생각했다.

그가 손흥민에게 축구를 가르칠 때도 감사와 존중의 마음, 겸손하고 성실한 마음을 강조했을 만큼 인성을 성공의 중요한 요소로 봤다. 그의 저서 《모든 것은 기본에서 시작한다》의 제목처럼 손흥민은 아버지의 이러한 가르침을 배우며 자신감을 가지고 훈련에 임할 수 있었다.

그리고 이런 자신감은 그를 세계적인 축구 스타로 만들어 준 원동력이 됐다. 손흥민은 기본에 충실하고, 끊임없이 노력하며, 항상 겸손한 자세를 유지하면서 무엇보다도 자신을 믿었다. 이 믿음은 결국 그가 모든 어려움을 극복하고 꿈을 이루어 낼 수 있게 했다.

이 이야기는 우리에게 소중한 교훈을 준다. 성공을 이루기 위해서는 자신에 대한 믿음을 갖고, 하고자 하는 노력과 열정을 가지며, 겸손한 자세로 끈기 있게 노력해야 한다는 것을 말이다.

또한 자신의 꿈을 향해 단호하게 나아가는 힘과 자신을 믿는 마음의 중요성을 상기시켜 준다. 우리도 손흥민처럼 꿈을 향해 끊임없이 도전하고 목표를 이룰 수 있다는 자신감을 가져야 한다.

그렇다면 이제 우리에게는 궁금증이 남는다. '나도 손흥민처럼 내 꿈을 향해 포기하지 않고 나아갈 수 있을까?', '나도 그처럼 성공할 수 있을까?' 답은 '그렇다'이다. 그 이유는 우리 모두 그와 마찬가지로 자신의 꿈을 향해 나아갈 수 있는 자신감을 얼마든지 만들어 낼 수 있기 때문이다. 그러면 이제 우리는 스스로에게 질문을 해야 한다. '그렇다면 나는 내 꿈을 위해 어떤 노력을 해야 할까?', '나는 어떻게 해야 성공할 수 있을까?' 이 질문의 답을 찾아가는 과정에서 우리는 자신의 꿈을 이루는 길을 찾을 수 있을 것이다.

사실 이 질문에 대한 답은 각자의 상황과 꿈에 따라 다르겠지만, 그래도 몇 가지의 방법을 알려 주겠다.

1. **목표 설정** : 자신이 어떤 꿈을 가졌는지 확실하게 알아야 한다. 그런 다음 그 꿈을 이루기 위한 구체적인 단계별 목표를 설정해야 한다.

2. **계획 수립** : 목표를 달성하기 위한 계획을 세워야 한다. 이는 일일, 주간, 월간, 연간 등 장단기 목표를 포함할 수 있다.

3. **지속적인 노력** : 목표를 달성하기 위해서는 꾸준한 노력이 필요하다. 어려움이 있을 때도 포기하지 않고 계속해서 노력하는 것이 중요하다.

4. **자기 반성과 개선** : 항상 자기 행동을 반성하고, 필요한 부분에 대해 개선하는 자세를 가져야 한다. 이는 성공으로 성장하기 위해 중요한 과정이다.

5. **긍정적인 마인드셋** : 어떤 상황에서도 긍정적인 마음가짐을 유지해야 한다. '나는 할 수 있다', '나는 성공한다'와 같은 자신감을 가지며 살아가야 한다.

이런 원칙들을 따라서 노력하면, 우리는 자신의 꿈을 향해 한 걸음씩 나아갈 수 있다. 그리고 그 과정에서 성공을 이루게 될 것이다.

《마인드셋》의 저자 캐럴 드웩(Carol S. Dweck)은 마인드셋을 2가지로 봤다. 하나는 실패를 성장의 기회로 보는 '성장 마인드셋'이고, 다른 하나는 실패를 그저 실패로 받아들이는 '고정 마인드셋'이다. 고정 마인드셋은 개인의 지능이나 자질이 태어나면서 주어진 것으로, 그것이 인생을 결정한다고 믿는 것이다. 반면 성장 마인드셋은 각자가 타고난 유전적인 자질이 있지만, 개인의 노력과 경험, 훈련 등을 통해 인생을 바꿔 나갈 수 있다는 믿음이다.

드웩의 이론에 따르면, 우리의 성공은 고정된 재능이나 지능에 의해 결정되는 것이 아니라, 우리의 노력과 자세, 그리고 가장 중요하게도 우리의 마인드셋에 의해 결정된다는 것이다. 어떤 상황에서도 성장할 수 있다는 믿음과 실패를 성장의 기회로 받아들이는 태도가 있으면, 우리는 어려움을 극복하고 목표를 달성하는 데 성공할 수 있다.

이는 자신감을 가지고 끊임없이 도전하는 것의 중요성을 강조한다. 우리가 성공하려면 자신을 믿고, 끊임없이 노력하며, 성장 마인드셋을 가지고 세상을 바라봐야 한다. 이러한 마인드셋은 개인의 성장뿐 아니라 조직의 성장과 발전에도 중요한 역할을 한다. 이렇게 되면 우리는 개인적인 성공뿐 아니라 사회 전체의 발전에도 기여할 수 있게 된다. 이것이 바로 드웩이 말하고자 하는 성장 마인드셋의 진정한 의미이며, 우리가 모두 추구해야 할 목표다.

'나는 할 수 있다', '나는 성공한다'라는 자신감을 불어넣는 행위는 우리의 인생에 큰 변화를 불러올 수 있다. 이러한 긍정적인 생각은 마치 나침반처럼 어려움을 극복하고 목표를 향해 나아가게 만든다. 어떤 어려운 상황에서도 이러한 긍정적인 마음가짐은 우리에게 힘을 주어 그 어떤 장애물도 극복할 수 있게 해 준다.

또한 이런 자신감은 우리의 행동에도 큰 영향을 미친다. '나는 할 수 있다', '나는 성공한다'라는 믿음은 행동을 긍정적으로 변화시키며, 그 변화는 우리가 더 열심히 노력하도록 만든다. 이러한 노력은 결국 성공으로 이어진다.

그리고 이러한 자신감은 목표를 향해 나아가는 데 필요한 원동력을 제공한다. 거듭된 실패에도 불구하고 계속해서 도전하고, 더 큰 노력을 기울이면 그 결과는 반드시 성공으로 이어질 것이다. 이렇게 끈기 있게 노력하는 과정에서 자기 능력을 발휘하고, 그 결과를 통해 성장하게 된다.

따라서 '나는 할 수 있다', '나는 성공한다'라는 자신감을 가진다는 것은 목표를 이루는 데 있어서 필수적이다. 그런 자신감을 가지고 끈기 있게 노력한다면, 어떤 목표든지 이룰 수 있다. 이런 자신감이 바로 우리가 꿈을 향해 나아가는 데 가장 중요한 힘이 될 것이다.

또한 이러한 자신감은 단지 순간적인 용기를 부여하는 것이 아니라, 꿈을 이루기 위해 필요한 지속적인 노력과 끈기를 부여한다. 이는 우리가 어려움을 극복하고, 자기 능력을 발휘하며, 성공을 향해 나아가는 데 필요한 원동력이 된다. 이렇게 자신감을 갖고 노력하면, 어떤 어려운 상황에서도 포기하지 않고, 결국 성공을 이루게 될 것이다.

당신의 내면을 긍정으로 가득 채워라

당신은 블랙홀을 아는가? 블랙홀은 단어 뜻 그대로, 검은 구멍이다. 블랙홀은 강한 중력에 의해 주위에 있는 모든 것을 빨아들여 빛조차 빠져나올 수 없어 검게 보이는 천체다. 나는 초등학교 과학 시간에 블랙홀의 존재를 처음 알았다. 당시 나는 '세상에 저런 곳도 존재하는구나. 신기하다'라고만 생각했다.

시간이 흘러 성인이 된 후 우연히 도서관에서 스티븐 호킹(Stephen Hawking)의 저서 《짧고 쉽게 쓴 시간의 역사》를 읽고 우주에 대해 흥미를 갖게 됐다. 그의 책은 '우주는 어디에서 와서 어디로 가고 있는가?'라는 거대하고 기초적인 질문을 다루고 있다. 이것은 우리가 흔히 말하는 '우리는(인간은) 어디에서 와서 어디로 가는가?'라는 원초적인 질문과 닮아 있다. 이 질문에 대한 답은 종교, 철학, 과학 등 여러 분야에서 다양하게 제시되어 왔다.

대부분의 종교는 삶과 죽음, 그리고 그 이후에 대한 해석을 제공한다. 예를 들어, 불교에서는 삶과 죽음을 끊임없는 윤회의 과정으로 보고, 깨달음을 얻어 탈출하는 것이 목표라고 가르친다. 기독교에서는 인간은 하나님에 의해 창조됐고, 죽음 후에는 영원한 생명을 누릴 것이라고 믿는다.

한편, 철학자들은 인간의 존재와 삶의 목적에 대해 다양한 관점을 제시한다. 수많은 유명 철학자들이 인생에 대해 주장했지만 지금까지 명확하게 답을 낸 철학자는 없다. 어떤 철학자는 삶의 의미는 자신의 경험과 가치를 통해 찾아야 한다고 주장한다.

마지막으로, 수많은 과학자들은 생명의 기원과 진화에 대해 연구한다. 우리는 진화의 결과물로, 지구의 생명체 중 하나라는 것을 알게 됐다. 인간의 목표나 삶의 의미에 대한 과학적 답변은 정해져 있지 않다. 인간이라는 존재를 더 잘 이해하고, 우리의 존재와 행동에 대한 과학적 이해를 높이는 것이 중요하다.

'사람의 존재의 목적은 무엇일까?', '인간은 어디에서 왔는가?' 자신에게 질문해 보자. '우리는 어디에서 와서 어디로 가는가?'라는 질문에 대한 답은 그 사람의 신념, 가치, 경험에 따라 다르게 해석될 수 있다. 이는 삶의 근본적인 질문이며, 이에 대한 답을 찾는 과정은 자신을 더 깊게 이해하고, 삶의 의미를 찾는 데 중요한 역할을 한다.

스티븐 호킹은 1942년 영국에서 태어나 2018년에 세상을 떠난, 세계적으로 인정받는 이론 물리학자다. 그의 뛰어난 지적 능력과 열정은 우리가 우주를 이해하는 데 큰 도움을 주었고, 그는 인류에게 블랙홀에 대한 혁신적인 이론을 발표했다.

그러나 그의 삶은 단순히 과학적 업적으로만 정의되는 것이 아니다. 호킹은 21세에 루게릭병이라는 치명적인 질병을 앓게 됐고, 그때 2년밖에 살지 못한다는 시한부 인생을 선고받았다. 하지만 그는 신체적인 제약에도 불구하고 과학에 대한 열정을 잃지 않았다.

그는 루게릭병과 투쟁해서 병마를 이겨 냈고, 읽고, 말하고, 쓰는 것이 어려운 상태에서도 이론 물리학의 중요한 업적들을 이루어 냈다. 실제로 그의 질병은 그가 과학적인 성취를 이루는 데 있어서 장애가 아니라, 도전을 극복하고 성장하게 만든 동력이었다.

그는 신체적인 어려움에도 불구하고, 자신의 가치와 신념을 항상 지켰다. 그는 목표를 향해 끈질기게 도전하고, 절대 포기하지 않았다. 그의 삶은 우리에게 하나의 중요한 교훈을 가르쳐 준다. 그것은 바로 내면의 힘, 즉 우리 자신이 마주한 어려움을 극복하고, 우리의 꿈을 이루기 위해 필요한 힘을 우리 자신 안에서 찾아낼 수 있다는 것이다.

스티븐 호킹은 살아 있는 동안 루게릭병으로 인해 불편한 몸을 이끌고, 방송에서 인터뷰하는 등 병으로부터 자신을 포기하지 않았다. 그것은 그의 내면의 힘이 얼마나 강력했는지를 보여 주는 증거다. 그의 끈기와 용기, 그리고 불굴의 의지는 우리 모두에게 큰 영감을 주었고, 이는 우리가 모두 어려움을 극복하고, 목표 달성에 필요한 힘을 찾아내는 데 동기부여를 해 주었다.

말랄라 유사프자이(Malala Yousafzai)는 2014년에 최연소 노벨 평화상을 수상했다. 그녀는 1997년 파키스탄에서 태어났다. 어릴 때부터 그녀의 삶은 여성의 교육권 옹호에 집중됐다. 당시 그녀의 환경에서는 여성이 교육받는 것을 금하는 강한 사회적 제한이 있었다. 그러나 그녀는 이러한 어려운 상황에서도 자신의 교육권을 지키려는 결심을 굽히지 않았다.

말랄라는 그녀의 신념을 위해 목소리를 높였고, 여성들이 교육받을 수 있도록 노력했다. 2012년, 그녀가 집으로 돌아가는 길에 학교 버스에서 탈레반으로부터 총격을 당했을 만큼 그녀의 활동은 생명의 위협이 됐다.

이러한 끔찍한 경험에도 불구하고, 말랄라는 자신의 목표를 포기하지 않았다. 오히려 그녀는 이 어려움을 극복하고, 여성의 교육권을 더욱 강력하게 옹호하려는 의지를 갖게 됐다. 이러한 그녀의 끈기와 용기는 강한 내면의 힘에서 비롯된 것이다. 그녀는 자신의 신념을 지키고, 그 신념을 위해 행동하는 데 필요한 힘을 자신 안에서 찾아낸 것이다.

결국 그녀의 노력은 세계적으로 인정받았고, 노벨 평화상을 수상하는 영예를 안게 됐다. 말랄라 유사프자이의 삶은 우리에게 내면의 힘을 키우는 것이 얼마나 중요한지를 보여 준다.

그녀의 이야기는 어떤 상황에서도 우리의 신념을 지키고, 목표를 향해 나아가는 데 필요한 힘을 우리 자신 안에서 찾을 수 있음을 보여 주는 강력한 사례다. 그녀의 삶은 우리 모두에게 깊은 영감을 주며, 우리가 어떤 어려움에도 맞설 힘을 가지고 있다는 것을 상기시켜 준다.

이처럼 강한 내면의 힘을 갖고 있으면 어떤 시련도 극복할 수 있다. 내면의 힘은 우리가 맞닥뜨린 어려움을 이겨 내고, 우리의 꿈을 실현하는 데 필요한 열정과 용기, 그리고 끈기를 불어넣어 준다. 이는 우리가 어떤 상황에서도 절망하지 않고, 목표를 향해 나아가는 데 필요한 힘의 원동력이 된다. 따라서 내면의 힘을 키우는 것은 우리가 삶의 도전과 시련을 극복하고, 꿈을 실현하는 데 있어 매우 중요한 요소다.

그렇다면 강력한 내면의 힘을 키우려면 어떻게 해야 할까? 내면의 힘을 키우는 방법은 여러 가지가 있지만, 가장 중요한 것은 자기 자신을 알아 가는 것이다. 자신의 강점과 약점, 가치관, 열정 등을 이해하면서 자신에 대해 더 잘 알아 가는 과정을 통해 어떤 상황에서도 자신을 믿을 수 있는 기반이 마련된다.

이러한 자기 이해를 바탕으로 긍정적인 생각을 유지하는 습관을 기르는 것이 중요하다. 긍정적인 생각은 어려운 상황에서도 변하지 않는 마음을 강화하며, 도전적인 상황에 맞서게 해 준다. 또한 자신이 이루고자 하는 목표를 명확히 설정하는 것도 중요한 단계다. 명확한 목표는 우리에게 방향을 제시하며, 그 방향으로 나아가기 위해 끊임없이 노력하게 만들기 때문이다.

그리고 이 모든 과정에서 물리적, 정서적 건강을 돌보는 것이 중요하다. 건강한 신체와 마음은 우리가 어려움을 극복하고, 내면의 힘을 키우는 데 필요한 기본적인 에너지를 제공한다. 마지막으로, 일상에서의 작은 것들에 대해 감사의 마음을 갖는 것이다. 이러한 행동들은 마음을 편안하게 하고, 긍정적인 생각을 유지하는 데 도움을 주며, 자신감을 높이고, 내면의 힘을 키우는 데 큰 역할을 한다.

당신의 내면을 긍정적으로 가득 채우면 그 힘은 당신이 인생에서 마주하는 어떤 장애물도 두렵지 않게 만들어 줄 것이다. 당신은 자신의 목표를 이루기 위한 끈기와 용기를 발휘하며, 어떤 어려운 상황에도 굴하지 않고 전진할 수 있게 된다. 강하고 긍정적인 내면의 힘을 소유한 당신은 자신의 삶을 스스로 통제하고, 꿈을 실현하기 위한 도전을 두려워하지 않게 될 것이다.

따라서 내면의 힘을 키우는 것은 결국 당신이 삶의 주인이라는 것을 다시 한번 상기시켜 준다. 이것은 자신의 꿈을 향해 두려움

없이 나아갈 수 있게 하는 가장 중요한 단계다. 내면의 긍정적인 힘을 끊임없이 키워 나가며, 어떤 상황에도 굴하지 않는 강인함을 유지해 보자. 그러면 결국 당신은 자신이 원하는 삶을 살아가는 데 필요한 모든 힘을 가지게 될 것이다.

당신의 확언이 당신의 미래를 창조한다

대학 시절, 나는 그림을 좋아하는 동기를 따라서 파블로 피카소(Pablo Picasso)의 전시회에 간 적 있다. 피카소는 그저 특이한 그림을 그리는 화가라고만 알고 있었던 탓에, 전시회를 보기 전까지는 별다른 흥미를 느끼지 못했다.

하지만 전시회장에 들어서며 피카소의 그림들을 직접 봤을 때, 그의 작품이 단순히 특이한 그림을 넘어 그의 내면 세계와 깊은 성찰의 결과물임을 깨달았다. 그의 그림들에서 느껴지는 강렬한 감정과 생생한 생명력, 그리고 그 안에 담긴 피카소만의 독특한 세계관에 마음이 끌렸다.

그의 작품을 통해 그가 자기 경험, 생각, 감정을 어떻게 깊이 성찰하고, 그것을 예술적인 표현으로 옮겼는지를 조금이나마 알게 됐다. 이러한 경험은 나에게 피카소의 예술에 대한 새로운 이

해와 함께, 그의 작품을 보는 것에 대한 흥미를 불어넣어 주었다.

피카소는 20세기 미술을 대표하는 작가 중 한 명이다. 피카소는 큐비즘이라는 예술 운동의 중심에 서 있었으며, 전통적인 페인팅 형태를 해체하고, 다양한 관점에서 동시에 물체를 표현하는 새로운 방식으로 그림을 표현했다. 이 혁신적인 접근법은 미술계에 변화의 바람을 몰고 왔다.

그의 작품은 사랑, 죽음, 전쟁, 고통 등 인간의 기본적인 주제를 탐구한 것으로, 그의 삶과 경험, 그리고 강렬한 감정을 반영한 것이다. 피카소는 자기 성찰을 통해 창조적인 영감을 얻었으며, 자신만의 독특한 예술 스타일을 탄생시켰다. 그의 작품은 그의 내면 세계를 표현한 것으로, 그의 성찰이 작품에 깊이와 힘을 부여했다.

그는 자기 경험과 관찰을 통해 세상을 이해하려고 노력했으며, 그것이 그의 작품에 현실성과 깊이를 부여했다. 그의 성찰은 그의 예술 작품을 통해 외부 세계에 전달됐으며, 그것이 그의 작품을 독특하고 강력하게 만들었다.

결국 피카소의 예술 작품은 그의 성찰을 통해 창작됐으며, 그의 성찰은 그의 예술 작품에 깊이와 힘을 부여했다. 이에 따라 그의 작품이 세계적으로 인정받게 됐음은 물론이다. 그의 자기 성찰은 미래를 창조하는 데 중요한 길잡이가 됐다.

피카소의 사례를 통해 우리는 중요한 교훈을 얻을 수 있다. 그 것은 바로 자기 성찰이 우리의 미래를 결정하는 데 도움을 준다는 사실이다. 피카소는 자기 성찰을 통해 자기 작품에 대해 확신할 수 있었다. 그 확신은 그의 예술적 창조력을 촉발하고, 그것이 그의 미래를 빛나게 만들었다.

이처럼 긍정적인 자기 성찰은 우리의 행동을 이끌고, 그 행동이 결국 우리의 미래를 만들어 간다. 따라서 자기 성찰은 우리의 생각과 감정이 어떻게 우리의 미래를 형성하는지를 이해하는 데 큰 도움이 된다.

신라 문무왕 때 원효대사는 당나라 유학길에 올랐다. 어느 날 산길을 걷던 중 날이 저물어 어쩔 수 없이 동굴에 노숙하게 됐다. 새벽에 갈증을 느낀 원효대사는 바가지에 고여 있던 물을 마시고 다시 잠이 들었다. 아침에 일어난 원효대사는 새벽에 마신 물이 해골바가지에 고여 있던 물이라는 것을 알아채고, 구토를 했다고 한다. 그 순간, 그는 '사물 자체에는 더러움이 없고, 모든 것은 생각하기에 달렸다'라는 중요한 깨달음을 얻었다.

원효대사의 사례처럼, 일상생활에서 겪는 다양한 경험을 통해 자기 성찰의 기회를 얻을 수 있다. 결국, 우리는 자기 생각과 행동의 영향력을 이해하고, 이를 바탕으로 삶을 더욱 풍요롭고 의미 있게 만들 수 있다.

자기 성찰은 우리가 장점과 약점을 파악하고, 개선해야 할 부분을 찾는 데 도움을 준다. 또한 자기 성찰을 통해 자신의 가치와 목표를 명확히 인식하고, 그것이 결정과 행동에 어떠한 영향을 미치는지 이해할 수 있다.

이런 점에서 자기 성찰은 우리 삶에 매우 중요한 역할을 한다. 자기 성찰은 우리가 자기 생각과 감정, 행동을 조사하고 이해하는 과정이며, 이를 통해 우리는 자신의 태도와 마인드셋을 개선하고 긍정적으로 변화시킬 수 있다.

우리의 생각과 태도, 행동은 우리의 실제 상황에 직접적인 영향을 준다. 그렇기 때문에 우리가 어떤 상황에 대해 어떻게 인식하고, 그것을 어떻게 확인하느냐가 우리의 미래를 결정하는 중요한 요소가 된다.

예를 들어, 어떤 사람이 실패를 경험했을 때 '나는 실패자다'라고 생각한다면, 그 사람은 자기 능력에 대해 부정적으로 느낄 가능성이 높다. 반면, 그 실패를 '나는 성장하는 과정에 있고, 이 경험을 통해 더 나아질 수 있다'라고 생각한다면, 그 사람은 긍정적인 마인드셋을 유지하며, 앞으로의 도전에 대한 자신감을 가질 수 있다. 즉, 우리가 어떤 상황에 대해 어떤 방식으로 생각하고,

그것을 확인하는지에 따라 우리의 미래가 결정된다는 말이다.

우리는 자기 성찰을 통해 '나는 실패자다'라는 부정적인 인식을 '나는 성장하는 과정에 있는 사람이다'라는 긍정적인 인식으로 바꿀 수 있다. 이에 따라 자기 능력과 가능성을 더욱 긍정적으로 보게 되며, 행동과 선택에 영향을 미쳐 더 효과적이고 생산적인 결과를 가져올 수 있게 한다.

이처럼 자기 성찰은 우리가 자기 생각과 태도를 이해하고, 그것이 행동과 미래에 어떻게 영향을 미치는지를 인식하는 데 중요한 요소다. 그리고 이를 통해 자신의 삶을 더욱 의미 있고 풍요롭게 만들 수 있다.

긍정적인 확언을 계속하면 그것이 사람의 생각과 태도, 그리고 행동에 영향을 미칠 수 있다. 이는 자기 성찰과 연결되는데, 자기 생각과 감정, 행동을 어떻게 이해하고 해석하느냐에 따라 삶의 질이 결정된다는 것을 의미한다.

긍정적인 확언을 통해 우리는 더욱 긍정적인 마인드셋을 가질 수 있다. 이러한 마인드셋은 우리가 성공하고, 행복하며, 성장하는 데 중요한 역할을 한다. 또한 이러한 긍정적인 확언은 어려움과 도전에 직면했을 때 그것을 극복하는 데 도움을 줄 수 있다.

긍정적인 확언을 계속한다면 우리의 태도와 마인드셋이 긍정적으로 변하고, 이는 행동과 선택에 영향을 미칠 수 있다. 그러면 우리의 미래는 더 긍정적이고 성장하는 방향으로 변할 것이다.

따라서 긍정 확언은 우리의 미래를 창조하는 강력한 도구가 된다. 우리가 자신에게 '나는 성공할 수 있다', '나는 행복할 자격이 있다', '나는 계속 성장할 수 있다'라고 계속 말하면, 긍정 확언은 우리의 마인드셋을 형성하고, 그것이 행동과 선택을 이끌어 결국 긍정적인 미래를 만들 수 있다.

이것이 바로 긍정 확언의 힘이다. 확언은 생각과 태도를 변화시키며, 그 변화는 행동에 영향을 미치고, 그 행동은 미래를 결정한다. 우리가 어떤 마인드셋을 가졌는지, 어떤 생각을 하고 있는지, 어떤 확언을 하는지가 결국 우리의 삶과 미래를 결정한다는 사실을 기억하자.

그러므로, 자기 성찰을 통해 자기 생각과 태도를 이해하고, 긍정적인 확언을 통해 바뀌는 것은 더 나은 미래를 창조하는 데 중요한 순간이 될 수 있다. 따라서 우리는 성공하는 미래를 그리기 위해 끊임없이 노력해야 한다.

긍정 확언을 통해 마인드셋을 변화시키고, 그 변화가 우리의 행동에 영향을 미치는 방식을 이해하고 적용해 보자. 이는 우리가 자신의 삶을 적극적으로 주도하고, 더 나은 미래를 향해 나아가는 데 필요한 에너지를 제공한다.

우리는 생각과 태도를 바꾸는 것이 쉽지 않다는 것을 알고 있다. 하지만 그것이 가능하다는 것을 믿어야 한다. 자기 능력을 믿고, 자신의 미래를 향한 희망을 품는 것은 밝은 미래를 위해 꼭 필요한 요소다. 또한 우리는 밝고 긍정적인 미래를 만들기 위해 필요한 용기와 결단력을 가지고 있어야 한다. 긍정 확언이 당신을 도와줄 것이다.

당신의 확언이 당신의 미래를 창조한다는 것을 잊지 말고 꿈을 포기하지 않았으면 한다.

당신은 성공하기 위해 지구 별에 왔다

나는 어릴 적부터 사시라는 병을 앓고 있었다. 사시는 어떤 물체를 주시할 때 한쪽 눈의 시선은 그 물체를 향해 있지만, 다른 눈은 그렇지 못한 경우를 의미한다. 어머니는 이대로 병을 방치하면 평생 불편한 눈으로 생활해야 했던 나를 위해 서울로 가서 수술시켜 주기로 결심했다.

어머니는 초등학교에 입학하기도 전이었던 나를 데리고 강원도에서 서울로 가기 위해 몇 번의 환승을 거치며 불편한 대중교

통도 마다하지 않았다. 나의 병을 고쳐 주기 위해 1년에 몇 번이고 이 같은 수고를 했다. 수술이 끝난 뒤에도 재활을 위해 나의 손을 잡고 병원에 다녔다. 다행히도 수술해 주신 의사 선생님의 추천으로 집에서 가까운 병원을 소개받아 그곳에서 열심히 재활을 받았던 기억이 난다.

재활 치료를 하는 병원 앞에는 나물을 파는 할머니가 계셨다. 평소와 같이 재활을 받으러 간 어느 날 그 할머니는 나를 보시더니 대뜸 어머니에게 말씀하셨다.

"아들이 나중에 크게 성공해서 효도하겠네."

"정말 그렇게 보이세요? 감사합니다. 그냥 하신 말씀이라도 기분 좋네요."

어머니는 웃으면서 가벼운 목례를 했다.

수술 후 재활 치료는 꽤 오랜 시간이 걸렸다. 결국 어머니의 헌신 덕에 현재 나의 눈은 자세히 보지 않으면 눈치 채지 못할 정도로 호전되어 일상생활에 아무 불편함 없이 생활하고 있다. 어머니는 가끔 나에게 "좀 더 일찍 치료해 주지 못해 미안하다. 일찍 치료했으면 말끔히 나았을 텐데"라고 말씀하신다.

나는 어머니가 그런 말을 할 때마다 "괜찮아 엄마. 지금 아무런 불편함도 없어" 하고 어머니를 위로한다. 나는 어머니의 보살핌 덕에 지금까지 아무 문제 없이 멀쩡하고 건장한 청년으로 자랄 수 있었다고 생각한다.

나는 어머니와 이런 이야기를 할 때마다 성공해서 효도해야겠다고 결심했다. 병원 앞에서 처음 본 할머니가 나를 보며 말했던 것처럼 나는 크게 성공할 것이라고 믿는다.

'성공'이란 무엇일까? '성공'하면 당신에게 먼저 떠오르는 것은 무엇인가? 타인의 찬사를 받는 순간, 또는 그 손에 쥔 부의 상징, 높은 사회적 지위? 아니면 자신이 꿈꾸던 그 큰 꿈을 이루는 순간? 이 모든 것들이 성공의 정의일 수 있다.

성공의 정의는 사람마다, 문화마다, 그리고 시대마다 크게 다르다는 것을 이해해야 한다. 이는 성공에 대한 우리의 이해가 그 어떤 고정된 정의에 의해 제한되어서는 안 된다는 것을 의미한다. 일반적으로 성공은 개인이 스스로 설정한 목표를 달성하는 과정에서 경험하는 성취감으로 볼 수 있다. 이 목표는 경제적인 풍요, 직장에서의 승진, 학문적인 성취, 건강한 가족 관계, 친구들과 깊은 우정, 사랑하는 사람과의 행복한 관계 등 다양하다.

그러나 이 모든 것들이 성공의 전부는 아니다. 성공은 단순히 목표를 이루는 것이 아니라, 그 목표를 향해 노력하는 과정에서 자신을 발전시키고, 자신의 가치와 능력을 최대한으로 발휘하는 과정에서 느끼는 만족감일 수도 있다. 또한 성공은 자신의 삶을 통해 타인의 삶에 영향을 미치고, 더 나은 세상을 만들어 가는 데 기여하는 것을 의미할 수도 있다.

그러나 이는 대체로 외부적인 요소에 초점을 맞춘 성공의 정의일 뿐이다. 반대로 내부적인 요소에 초점을 맞춘 성공의 정의도 있다. 이는 외부적인 보상이나 인정이 아닌, 자기 내면에서 찾아내는 성공의 기준을 의미한다.

예를 들어, 개인의 가치관을 통해 삶의 만족감을 느끼는 것, 자신이 선택한 길을 걸어가며 인생의 목표를 이루는 것, 또는 자신이 하는 일에 대한 열정을 발견하고 추구하는 것 모두 내부적인 요소의 성공으로 볼 수 있다.

결국 성공의 정의는 개인의 가치관, 목표, 그리고 그들이 삶에서 중요하게 생각하는 것에 따라 달라진다. 그래서 중요한 것은 다른 사람들이나 사회가 성공을 어떻게 정의하는지가 아니라, 자신이 성공을 어떻게 정의할지 찾아내고, 그것을 향해 끊임없이 노력하는 것이다. 이러한 과정을 통해 자신만의 성공의 정의를 찾아낼 수 있다면, 그것이 바로 진정한 성공을 향한 첫걸음이 될 것이다.

우리 삶에는 개인마다 꼭 이루고 싶은 목표가 있다. 당신은 성공하기 위한 당신만의 목표가 있는가? 마라토너 테리 폭스(Terry Fox)는 목표를 이루기 위해 끝까지 달려간 희망의 마라토너다. 그의 삶과 행동은 목표 달성을 위한 끊임없는 노력으로 가득 차 있었다.

테리 폭스는 1958년 캐나다에서 태어났다. 폭스는 학창 시절 장거리 주자, 농구 선수로 활약했다. 18세 때 골육종 진단을 받아 오른쪽 다리를 잃었다. 하지만 그는 이 시련을 극복하고자 노력했다. 그래서 그는 인공 다리로 계속 달렸고 밴쿠버에서 휠체어 농구 선수로 활약해서 국가 경기에서 3번이나 우승했다. 이처럼 그는 장애를 이겨 내고 일상생활을 계속하며, 병원에서 만난 다른 암 환자들을 돕기 위한 방법을 고민하기 시작했다.

결국 그는 1979년에 캐나다 전역을 달리는 '희망의 마라톤'을 계획하게 된다. 그의 목표는 각 마일마다 1달러를 기부받아 총 2,000만 달러의 암 연구 기금을 모으는 것이었다. 그는 1980년 4월 12일부터 이 마라톤을 시작해서 매일 42km를 달렸다.

그러나 그의 도전은 쉽지 않았다. 처음에는 그의 이야기에 누구도 관심을 보이지 않았고, 기금 모금 또한 힘들었다. 그러나 그는 포기하지 않았다. 결국 그의 불굴의 정신과 노력이 점차 인정받게 되고, 많은 사람이 그의 이야기에 감동해서 기금을 기부하기 시작했다.

하지만 그의 마라톤은 143일 만에 중단됐다. 암이 폐로 전이되어 달리기를 계속할 수 없었기 때문이다. 결국 그는 1981년 6월 28일, 22세의 나이에 세상을 떠났다. 그의 죽음 후에도 그의 이야기와 노력은 많은 사람들에게 영감을 주었다. 그의 이름을 딴 '테리 폭스 런'은 매년 전 세계에서 개최되며, 암 연구 기금 모금을 위한 중요한 행사가 됐다. 그의 성공은 자신이 아닌 다른 사람을 위한 것이었으며, 그의 이야기는 오늘날까지도 많은 사람들에게 희망과 용기를 주고 있다.

성공을 위한 마인드셋이란 때로는 불편함을 견디는 것에서부터 시작된다. 그것은 불편한 신체를 건강한 신체로 만들어 주는 마법과도 같다. 지금 당신이 겪고 있는 어려움에 대해 불평하는 대신, 그 힘든 순간들을 견디고 이겨 내는 과정에서 나타나는 변화에 집중해 보는 것은 어떨까? 그 과정은 당신을 더 강하고 끈질긴 사람으로 만들어 줄 것이다.

당신의 노력과 헌신, 그리고 그것을 통해 이루어진 변화는 단지 당신만의 것이 아니다. 그것은 주변의 사람들에게도 영감을 주고, 그들의 삶을 변화시키는 힘을 갖게 된다. 성공이란 단순히 목표를 달성하는 것만을 의미하는 것이 아니다. 그것은 그 과정에서 얼마나 많이 성장했는지, 얼마나 많은 사람들에게 긍정적인 영향력을 끼쳤는지, 그리고 그 과정에서 얼마나 많은 변화를 불러왔는지에 달려 있다.

그러므로 포기하지 말고, 자신이 정한 목표를 향해 계속해서 나아가라. 당신은 그 목표를 이룰 수 있는 능력을 충분히 갖추고 있기 때문이다. 그 과정에서 얻게 될 경험과 지식, 그리고 성장은 당신의 삶을 더욱 풍요롭게 만들어 줄 것이다.

또한 그 과정을 통해 당신은 자기 능력이 얼마나 대단한지 깨닫게 될 것이다. 그것은 당신이 생각하는 것보다 훨씬 더 크고 강력한 능력이다. 그 능력은 당신이 얼마나 멀리 갈 수 있는지, 얼마나 높이 올라갈 수 있는지 보여줄 것이다. 그리고 그것은 많은 사람들에게 긍정적인 영향을 줄 것이다.

그러므로 자신이 정한 목표를 향해 계속해서 나아가는 것을 멈추지 말자. 그것은 단지 목표를 달성하는 것뿐만 아니라, 그 과정에서 얻는 성장과 변화, 그리고 그것이 주변의 사람들에게 미치는 영향을 통해 진정한 성공을 이루는 것을 의미한다.

이것이 당신이 성공을 위해 지구 별에 온 이유일 테니 말이다.

나는 매일 운이 좋아지고 있다

어느 날 아침에 눈을 뜨면서 오늘 일어날 일에 대해 행운을 기대한 적 있는가? 행운을 기대하고 들뜬 기분으로 하루를 시작했는데, 그날 종일 기다려도 결국 특별한 행운이 찾아오지 않았다면 이는 우리가 행운을 자신의 통제 밖의 일로 인식하고, 그저 우연히 찾아오는 것으로 생각했기 때문이다.

사실 우리에게 다가오는 행운은 우리의 잠재의식과 깊은 연관이 있다. 우리의 생각, 감정, 그리고 행동이 운을 결정하는 요소라고 할 수 있다. 그래서 '나는 매일 운이 좋아지고 있다'라는 자신감 넘치는 태도를 가지고, 그것을 믿고 행동한다면, 우리는 운을 자신에게 끌어당기는 힘을 가질 수 있다.

삶은 항상 행운의 순간과 불운의 순간이 교차해서 찾아온다. 나는 어떤 사람들은 항상 행운이 따르고, 어떤 사람들은 불운이 따르는 이유에 대해 의문을 가진 적이 있다. 그 비밀은 바로 우리의 잠재의식에 있다는 것을 깨달았다. 매일 운이 좋아지는 비밀을 알아내기 위해서는 먼저 자신의 잠재의식과의 관계를 이해해야 한다.

잠재의식은 우리의 생각과 행동을 조절하는 역할을 하므로, 행운과 불운을 생성하는 데도 큰 영향을 미친다. 잠재의식은 우리의 믿음, 자아 인식, 가치관 등을 형성하며, 이러한 요소들이 행동과 태도에 반영되기 때문이다.

불운이 따르는 사람들은 종종 자신에 대한 부정적인 믿음과 자아 인식을 가지고 있다. 이들은 자기 능력이나 가치에 대해 의심하는 마음을 갖고, 실패와 어려움을 예상하며 이를 불운으로 여기는 경향이 있다. 이러한 부정적인 태도는 불운을 끌어당기는 잠재의식을 형성한다.

반면, 행운이 따르는 사람들은 대체로 자신에 대한 긍정적인 믿음을 가지고 있다. 이들은 자신의 능력과 성공을 확신하며, 긍정적인 자아 인식을 형성하고 있다. 이러한 자신감과 긍정적인 태도는 행운을 끌어오는 잠재의식을 구축하게 된다. 그들은 어려운 상황에도 긍정적으로 대처하며, 새로운 기회를 찾아내고 이를 성공으로 이끌어 가는 경향이 있다.

종종 우리는 주변에서 어려운 시기에도 행운을 만나는 사람들을 볼 수 있다. 그들은 어려움을 극복하고 새로운 기회를 찾아내기 위해 노력하며, 그 결과로 행운을 얻는다. 이들은 자신의 잠재의식을 긍정적으로 변화시키고, 자기 능력과 가능성을 믿음으로써 행운을 찾아가는 것이다.

결국, 잠재의식은 우리의 생각과 태도를 형성하고, 이를 통해 행동을 끌어내므로 행운과 불운을 결정하는 데 큰 영향을 미친다. 긍정적인 자신감과 자아 인식을 주고, 긍정적인 믿음을 심어주는 잠재의식은 행운을 유도하는 반면, 부정적인 태도와 그에 따른 자아 인식을 형성하는 잠재의식은 불운을 유발할 수 있다.

따라서 우리는 자신의 잠재의식을 긍정적으로 바꿔야 한다. 그렇게 함으로써 자신의 믿음과 자아 인식을 재평가하고, 행운을 만날 수 있는 잠재의식을 구축할 수 있다.

그러나 잠재의식 속에서 행운과 불운을 명확히 구분하는 것은 쉽지 않다. 왜냐하면 우리의 잠재의식은 예측할 수 없는 복잡한 요소들의 집합체이기 때문이다. 하지만 확실한 점은 자신의 잠재의식을 긍정적으로 바꾸고, 자기 능력과 가능성을 확신하면 행운을 만날 수 있는 기회가 더욱 많아진다는 것이다. 따라서 어려운 시기에도 긍정적인 자세를 유지하며 행운이 찾아오는 기회를 놓치지 않도록 준비해야 한다.

우리는 자신의 잠재의식을 주의 깊게 들여다보고, 부정적인 믿음과 생각을 긍정적으로 바꿀 수 있다. '나는 행운을 만나는 사람이다', '나는 어떤 어려움도 극복할 수 있다'라는 긍정 확언을 자신에게 반복하는 것이 그 첫걸음이다.

우리는 자신의 잠재의식을 긍정적으로 바꿈으로써, 삶의 여정에서 더 많은 기회를 만들어 낼 수 있다. 그리고 그 기회들이 우리에게 행운을 가져다줄 것이다. 그러므로 오늘부터 자신의 잠재의식을 긍정적으로 바꾸고, 행운을 만나는 비밀을 찾아가는 여정을 시작해 보자. 그 여정에서는 더 많은 희망과 성취감을 만날 수 있을 것이다.

여정을 시작할 때는 '매일 운이 좋아지고 있다'라는 믿음을 갖고, 자기 생각을 긍정적으로 바꾸는 것이 중요하다. 그리고 계속해서 자신의 잠재의식을 주의 깊게 관찰하며, 부정적인 생각이나 믿음을 긍정적인 것으로 바꿔 나가는 노력이 필요하다. 행운을 끌어당기는 긍정적인 자세와 행동을 취함으로써 삶을 변화시킬 수 있다.

이렇게 매일 운이 좋아지는 비밀을 알아가는 여정에서 점차 더 많은 행운을 만나게 될 것이다. 자신의 잠재의식을 긍정적으로 바꾸고, 자기 능력과 가능성을 믿는 것은 행운을 끌어당기는 중요한 요소다.

'나는 매일 운이 좋아지고 있다' 이것은 내가 매일 아침 일어나자마자 마음속으로 생각하는 문장이다. 이 문장은 그날의 도전과 가능성에 대한 긍정적인 마음가짐을 갖게 한다. 또한 그날을 밝고 에너지 넘치는 하루로 만들어 준다. 당신도 나처럼 아침에 일어나서 자신에게 긍정 확언을 해 보는 것을 추천한다. 그것은 그날의 분위기를 결정하는 중요한 요소가 될 것이다.

당신은 나비효과에 대해 알고 있는가? 그것은 작은 원인이 큰 결과를 가져올 수 있다는 이론이다. 아침에 긍정적인 생각을 갖는 것이 그날의 분위기를 바꾸는 작은 씨앗이 될 수 있다. 이는 아침에 일어나는 첫 번째 순간부터 마인드셋을 긍정적으로 설정함으로써 그날의 행운을 모아 가는 첫걸음이다.

나는 당신에게 당신만의 아침 루틴을 만들어 보는 것을 제안한다. 아침 루틴은 하루의 시작을 결정짓는 중요한 역할을 한다. 이 작은 습관들이 모여 생각과 행동을 바꾸며, 결국에는 우리의 하루와 그 결과인 우리의 운까지 바꿀 수 있다는 사실을 기억하자. 어떻게 아침을 시작하느냐에 따라 그날의 생각과 행동, 그리고 결과적으로 그날의 운이 결정되는 것이다.

매일 아침에는 자신이 가장 좋아하고, 자신을 가장 긍정적으로 만들어 주는 활동을 선택해서 시작하는 것이 좋다. 독서를 좋아한다면, 침대 머리맡에 좋아하는 책을 두고, 매일 아침마다 그 책의 한 페이지를 훑어보는 것을 추천한다. 음악을 듣는 것을 좋아한다면, 아침에 좋아하는 음악을 들으며 하루를 시작해 보는 것도 좋은 방법이다. 이렇게 아침에 좋아하는 활동을 통해 긍정적인 기분을 느끼며 하루를 시작하는 것은 행운을 끌어당기는 데 큰 역할을 한다.

물론 매일 아침 긍정적인 마음가짐으로 시작하기가 쉽지만은 않다. 하지만 우리는 이것을 충분한 연습을 통해 좋은 습관으로 만들 수 있다. 처음에는 어색하거나 어려울 수 있지만, 꾸준히 연습하면서 자신만의 아침 루틴을 찾아가는 과정은 결국 당신의 생각과 행동, 그리고 운을 바꿔줄 것이다.

'나는 매일 운이 좋아지고 있다'라는 믿음을 가지고, 매일 아침 긍정적인 마음가짐으로 하루를 시작한다면, 머지않아 당신은 자신의 운이 좋아지고 있다는 것을 느낄 것이다. 이처럼 잠재의식을 개발하고 바꾸는 것이 우리의 운을 바꾸는 핵심이라는 사실을 잊지 말아야 한다.

우리의 잠재의식은 생각과 행동을 지배하며, 그것이 우리의 행운을 결정한다. 행운은 스스로 개척하고 만들어 가는 것이다. 이것은 우리가 일상에서 만나는 모든 기회와 도전을 행운으로 바꿀 수 있는 능력을 의미한다.

그리고 이것은 매일 아침, 어떤 마음가짐으로 하루를 시작했는지에 따라 결정된다. 행운은 우리가 스스로 만들어 내는 것이다. 그것은 우리의 노력과 헌신, 그리고 무엇보다도 생각과 태도에 의해 결정된다.

이를 통해 우리는 자신의 운을 좋게 만들어 나갈 수 있다. 그리고 그것은 우리가 매일매일 경험하는 작은 변화를 통해 실현될 것이다. 이 작은 변화들은 생각과 행동을 바꾸며, 이것이 우리의 행운을 바꿔 가는 과정이다.

이렇게 매일매일 작은 변화를 통해 우리의 운을 바꿔 나갈 수 있다. 그리고 이런 변화는 매일 아침 긍정적인 마음가짐으로 하루를 시작하는 것에서부터 시작된다. 이것은 우리가 스스로 만들어 낼 수 있는 행운의 시작이다.

결국, 행운은 우리가 스스로 개척하고 만들어 가는 것이다.

매일 운이 좋아지는 잠재의식의 비밀

제1판 1쇄 2024년 2월 13일

지은이   김문형
펴낸이   한성주
펴낸곳   ㈜두드림미디어
책임편집 신슬기, 배성분
디자인   얼앤똘비악(earl_tolbiac@naver.com)

㈜두드림미디어
등록   2015년 3월 25일(제2022-000009호)
주소   서울시 강서구 공항대로 219, 620호, 621호
전화   02)333-3577
팩스   02)6455-3477
이메일   dodreamedia@naver.com(원고 투고 및 출판 관련 문의)
카페   https://cafe.naver.com/dodreamedia

ISBN   979-11-93210-34-5 (03190)

책 내용에 관한 궁금증은 표지 앞날개에 있는 저자의 이메일이나
저자의 각종 SNS 연락처로 문의해주시길 바랍니다.